HISTORIA MÍNIMA DE

España

HISTORIA MÍNIMA DE

España

Juan Pablo Fusi

EL COLEGIO DE MÉXICO

TURNER

Título
Historia mínima de España
© Juan Pablo Fusi Aizpurua, 2012

De esta edición
© Turner Publicaciones S.L., 2012
Rafael Calvo, 42
28010 Madrid
www.turnerlibros.com

DR © El Colegio de México, A. C.
Camino al Ajusco, 20
Pedregal de Santa Teresa
10740 México, D. F.
www.colmex.mx

Primera edición: octubre de 2012

Diseño de la colección
Sánchez/Lacasta

Mapas
Javier Belloso

Corrección de pruebas
Victoria Serrano

ISBN: 978-84-7506-677-6
Depósito Legal: M-30.792-2012

Impreso en España

La editorial agradece todos los comentarios y observaciones:
turner@turnerlibros.com

ÍNDICE

PRÓLOGO

*E*spaña se explica y se entiende únicamente a través de la historia. En palabras de Max Weber: solo se puede saber lo que somos si se determina cómo hemos llegado a ser lo que somos.

Ello confiere a la historia un estatus intelectual verdaderamente relevante. La historia actual no se atribuye, con todo, misiones retóricamente ejemplarizantes. La historia como quehacer no es otra cosa que un ejercicio de revisionismo crítico: aspira a analizar críticamente el pasado, a sustituir mitos, leyendas, relatos fraudulentos e interpretaciones deshonestas por conocimiento sustantivo, verdadero y útil.

Este libro, esta *Historia mínima de España*, no tiene tras de sí, por eso, sino unas pocas convicciones insobornables: 1) que la historia de España muestra ante todo la complejidad y diversidad de la experiencia histórica española; 2) que la historia española es un proceso abierto, evolución no lineal, continuidad y cambio en el tiempo; 3) que la historia de España no estuvo nunca predeterminada, y nada de lo que sucedió en ella tuvo que ocurrir necesaria e inevitablemente.

La historia, y también la de España, es siempre –por usar una expresión sartreana– un teatro de situaciones. Esta *Historia mínima de España* pretende, lógicamente, explicar por qué hubo esta historia de España y no otra. Pretende así, en su brevedad, dar razón histórica de España.

Desde mi perspectiva, sin embargo, la razón histórica es casi por definición una razón parcial, fragmentada, y a menudo perplejizante. En otras palabras, veo la historia como el título del relato de Borges: como un jardín de senderos que se bifurcan (perpetuamente). Detrás, pues, de la narración de los hechos –del drama de los acontecimientos– en este libro alienta (o eso espero) una convicción ulterior, que cabría resumir en una tesis clara: España, muchas historias posibles.

Aunque cabría remontar la tradición historiográfica española hasta el siglo XIII, la historiografía moderna nació a finales del XIX y principios del XX, con Menéndez Pelayo y Menéndez Pidal. En efecto, Menéndez Pelayo, un prodigio de erudición histórica (y de historiografía torrencial y desordenada); Menéndez Pidal, un hombre sereno, mesurado, con aportaciones monográficas espléndidas, únicas (sobre los orígenes del español, el romancero, el reino de León, el Cid y los orígenes de Castilla); y con ellos, algunos ensayistas de la generación del 98 (Unamuno, Ganivet) y enseguida Ortega y Gasset, Marañón y los historiadores Claudio Sánchez Albornoz y Américo Castro escribieron –obsesivamente– sobre España y su historia. El resultado fue en muchos sentidos admirable. Como escribió en 1996 Julián Marías –en *España ante la historia y ante sí misma 1898-1936*–, España tomó, como consecuencia, posesión de sí.

De alguna forma, todo ello compuso, sin embargo, una suerte de reflexión metafísica sobre el ser y la significación de España. Una visión, si se quiere, esencialista de esta y de su historia: continuidad de un hipotético espíritu nacional español desde la romanización y los visigodos; Castilla, origen de la nacionalidad española; España como problema, como preocupación; España, enigma histórico (Sánchez Albornoz); España, "vivir desviviéndose" (A. Castro); la historia de España, la historia de una larga decadencia (la tesis de Ortega y Gasset en *España invertebrada,* 1921).

La reflexión sobre el ser de España pudo ser extraordinariamente fecunda. Pero el desarrollo que las ciencias sociales –y la historia con ellas– experimentaron en todas partes desde mediados de los años cincuenta del siglo XX, y el "giro historiográfico" que como consecuencia se produjo desde entonces –asociado en España a la labor de historiadores como Carande, Vicens Vives, Caro Baroja, Maravall, Jover Zamora, Díez del Corral y otros, y a la renovación del hispanismo (Sarrailh, Bataillon, Braudel, Vilar, Raymond Carr, John H. Elliott y un muy largo etcétera)–, provocaron un profundo cambio conceptual en la forma y estructuración del análisis y la explicación históricos: un cambio –en pocas palabras– hacia una historia construida sobre numerosas claves y perspectivas interpretativas y entendida como una narración compleja de problemas y situaciones múltiples y distintas.

Esta *Historia mínima de España* sigue un orden cronológico riguroso, con una periodización clásica: desde la prehistoria, la entrada de la península Ibérica en la historia, la Hispania romana y visigótica, la conquista árabe y la complejísima formación de España en la Edad Media, hasta, primero, el despliegue de la España imperial y luego, la problemática creación del país como estado nacional en los siglos XIX y XX. Aspira precisamente a eso: a sintetizar la nueva forma de interpretar, explicar y entender la historia que impulsó desde 1950-1960 la historiografía española (varias generaciones; diferentes escuelas y enfoques historiográficos).

La historiografía de mi generación, nacida en torno a 1945, no tiene ya, probablemente, la elocuencia de los "grandes relatos" que en su día compusieron la historia de España; pero tampoco su inverosimilitud.

Juan Pablo Fusi,
abril de 2012.

I
LA FORMACIÓN DE HISPANIA

 S in conocer sus orígenes, el hombre no se entiende a sí mismo. Como se verá de inmediato, la prehistoria de la península Ibérica –un millón de años desde Atapuerca hasta los pueblos prerromanos de la Edad del Hierro– ofrece para ello hechos, restos, evidencias, extraordinariamente valiosos. Un millón de años es, sin duda, un ciclo inmenso, que tal vez nunca llegue a ser plenamente conocido. La prehistoria, no solo la peninsular, es ante todo complejidad: orígenes inciertos, cambios lentos, evolución discontinua, caminos mil veces bifurcados. Lo que se sabe, por el extraordinario desarrollo de la prehistoria como ciencia, tiene con todo interés superlativo: es materia necesaria para toda aproximación inteligente a la comprensión de la vida histórica de la Península.

PREHISTORIA

La prehistoria ibérica es, en cualquier caso, inseparable de la prehistoria europea. Según los conocimientos de la primera década del siglo XXI, los restos del llamado *Homo antecessor* hallados en Atapuerca, Burgos, en 1997 (780.000 a. de C.) podrían ser en efecto los restos humanos más antiguos de Europa. Los yacimientos del Paleolítico inferior (700.000 a 200.000 a. de C.), asociados a variedades de homínidos anteriores al *Homo sapiens*, con utensilios como hachas de mano, raederas, raspadores y similares, serían ya apreciables y su distribución, significativa: terrazas y cuencas sedimentarias de ríos (Manzanares, Jarama, el valle del Ambrona en Soria...), lugares costeros, cuevas (como El Castillo en Cantabria). Restos del hombre del Neandertal, que se extendió por Europa, Oriente medio y Asia central entre 100.000 y 35.000 a. de C., se hallaron en Gibraltar, Bañolas (una mandíbula completa), Valdegoba, Zafarraya, Carihuela (Granada) y otros puntos; y yacimientos con aquella misma datación –yacimientos, pues, musterienses: puntas, lascas, denticulados, cuchillos de dorso...– se encuentran en prácticamente todas las regiones peninsulares.

Esos serían, por tanto, los primeros pobladores, las primeras culturas humanas de la Península: preneandertales y neandertales, *sapiens* primitivos, –¿unos 10.000 individuos hacia 100.000 a. de C.?– que vivían de la caza, la recolección y el carroñeo, coexistían con mamíferos (incluidos grandes animales y depredadores), habitaban en cuevas y abrigos naturales, y que podrían tener ya –caso del hombre del Neandertal– algún tipo de lenguaje y de creencia (enterramientos).

El hombre actual, el *Homo sapiens sapiens* –la variedad más conocida: el hombre de Cro-Magnon– apareció en la Península, como en el continente, tras la extinción del neandertal, esto es, a partir del 40.000-30.000 a. de C. (Paleolítico superior), a favor de determinados cambios climáticos y geomorfológicos, y en posesión de una mayor capacitación "industrial" –nuevas formas de tallar la piedra, nuevos útiles como buriles, arpones, punzones, espátulas, cuchillos, anzuelos o azagayas fabricados también ya en hueso, asta y marfil–, factores que le permitieron una mejor explotación del entorno natural y el desarrollo de formas de hábitat y horizontes vitales más amplios. Los yacimientos más importantes, no los únicos, del Paleolítico superior aparecieron –y se hallan, por tanto– en la cornisa cantábrica (Morín, Altamira, Tito Bustillo... hasta un total de ciento treinta sitios) y en el área mediterránea (Parpalló, Mallaetes, L'Arbreda, etcétera), con la "industria" citada –de objetos cada vez más elaborados y perfeccionados–, arte mueble (bastones, colgantes, huesos y placas grabadas) y, lo más deslumbrante, arte rupestre o parietal: representaciones de gran perfección de animales (caballos, bisontes, venados, bóvidos...) grabados con buriles en las paredes de las cuevas si bien en la meseta (en Siega Verde y Domingo García) se hallarían al aire libre– y policromados con colorantes naturales, como los espléndidos conjuntos de pinturas de Altamira, descubiertos en 1879, Tito Bustillo, La Pasiega, El Castillo, Ekain o Santimamiñe. Probablemente no se trataba, como pudo pensarse en su día, ni de arte, ni de santuarios simbólico-religiosos, ni de ma nifestaciones de magia propiciatoria, sino de formas de señalización y por tanto de apropiación del territorio.

Aun así, el avance hacia tipos de vida más sedentarios y estables, hacia una mayor complejización de la organización territorial –en una economía todavía basada en la caza o, según la geografía, en la pesca y el marisqueo–resultaba evidente. El "arte" pospaleolítico peninsular (10.000-8.000 a. de C.), llamado "arte levantino" por hallarse localizado en cuevas y abrigos de la región levantino-mediterránea (Albarracín en Teruel, Cogull en Lérida, Alpera en Albacete, Valltorta en Castellón...) plasmaría ya, en formas estilizadas y monocromas, la figura humana, animales posiblemente domesticados y escenas de caza y recolección.

El gran cambio –el cambio, con un clima ya semejante al actual, hacia una economía productora, la domesticación de animales, los primeros poblados y las preocupaciones simbólico-religiosas– se produjo en la Península, como en otras áreas continentales, a lo largo del Neolítico (9.000-4.000 a. de C.) o, puesto que la neolitización peninsular fue algo más tardía, a partir de 6.000-5.500 a. de C. Fue más intenso en la franja mediterránea, Andalucía y el centro y sur de Portugal que en las restantes regiones, y constituyó una variable del proceso de neolitización general (uno de cuyos principales epicentros era Oriente próximo, el "creciente fértil" de Mesopotamia e Israel a Egipto): utensilios pulimentados y tallados, cerámica, agricultura de trigo, cebada y leguminosas, ganado bovino, vacuno, caprino y de cerda, pequeños poblados (pero todavía uso de cuevas), pinturas antropomórficas y zoomórficas y, muy característicamente, megalitos, esto es, construcciones monumentales de piedra (dólmenes, menhires, cuevas, galerías, excavaciones en roca y similares) de carácter en general funerario, muy numerosos en la Península y con sitios como el dolmen de Alberite en Cádiz o la cueva de Menga en Antequera, de dimensiones extraordinarias.

Las sociedades complejas, "sociedades de jefaturas" y con cierta jerarquización social, apoyadas ya en economías agrícolas y ganaderas notablemente intensificadas, aparecieron algo después: a partir del tercer milenio, en la Edad de los Metales (3.000-200 a. de C.) −cobre, bronce, hierro−, iniciada en Anatolia, Oriente medio y los Balcanes. Más concretamente, a partir del Calcolítico (Edad del Cobre), un periodo de transición pero con notables novedades socioculturales −primeros objetos metálicos, poblados protourbanos, cerámica campaniforme (vasos acampanados con decoración)−, que en la Península se extendió de forma irregular y no uniforme por el sureste, Andalucía, el sur de Portugal, Extremadura, enclaves de la meseta central y de la cuenca del Duero, alrededores de Madrid, franja cantábrica, Cataluña y País Valenciano. El poblado de Los Millares en Almería (2.900-2.200 a. de C.), descubierto en 1891, resultó espectacular: poblado fortificado en zona elevada, muralla exterior con bastiones circulares y cuadrangulares, casas circulares (el poblado tendría en torno a 1.500 habitantes), varios fortines, acequia, cisterna, necrópolis con sepulcros colectivos tipo *tholos* (de planta circular y cubierta cónica) y material arqueológico abundante y de todo tipo (vasos, peines, ídolos, puntas, puñales).

El proceso se completó a lo largo de la Edad del Bronce (2.000-800 a. de C.) −edad coetánea de las grandes civilizaciones egipcia, sumeria, asiria y babilónica, y aun de las civilizaciones minoica y micénica en el Egeo−, a lo largo pues del Bronce ibérico, un periodo laberíntico y diversificado (como también lo fue el Calcolítico), lo que obligó a los especialistas a precisar y distinguir etapas y variedades territoriales, pero que supuso en todo caso una progresión decidida: poblados fortificados, estructuras protoestatales, viviendas ahora rectangulares, enterramientos individuales, uso generalizado de cobre y bronce para utensilios, armas y adornos personales, y nuevas ampliaciones de la producción agrícola, ganadera y artesanal (cerámica, tejidos). El conjunto de El Argar (2.100-1.350 a. de C.), en Antas (Almería), resultó ser también una de las mejores muestras de todo el Bronce europeo: poblado fortificado en un cerro de una hectárea de extensión, casas rectangulares de cuatro a cinco metros de largo con paredes de piedra y cubiertas de barro y ramaje, enterramientos individuales con ajuar, cerámica bruñida, puñales, alabardas, diademas, copas y espadas de metal. El Argar –situado en el área privilegiada del Bronce peninsular: Murcia, Almería, Jaén, Granada y sur de Alicante– era un poblado con evidente grado de especialización agrícola, minería, metalurgia y relaciones comerciales con otros poblados de la región; un poblado ya, por ello, de relativa complejidad social.

LA ENTRADA EN LA HISTORIA

La cultura argárica era, en otras palabras, una cultura situada ya –como las grandes civilizaciones coetáneas antes citadas– en el umbral mismo de la historia. De hecho, la Península "entró" en la historia –esto es, apareció en fuentes escritas– hacia el siglo IX a. de C. La Tarsis del *Libro de los Reyes* bíblico, fechado en torno a 961-922 a. de C., podría ser Tartessos, la ciudad-estado o región ubicada en el bajo Guadalquivir (Huelva, Sevilla) –que por la arqueología se sabe que existió entre el 900 y el 550 a. de C.–, aludida también en leyendas y mitos griegos; como los mitos de Gerión, de los trabajos de Hércules, de Gárgoris y Habis, de la Atlántida, y en relatos y comentarios históricos (Anacreonte, Herodoto, Estrabón) que hicieron referencia, por ejemplo, a Argantonio, el longevo rey de Tartessos, y a la abundancia de plata y a la riqueza general del territorio. Fuentes griegas y romanas, de exactitud sin duda problemática, dieron igualmente noticia de hechos o tradiciones ya claramente históricos, como la fundación de Gadir (Cádiz) por los fenicios hacia el 1.100 a. de C. −ochenta años después de la caída de Troya−, o el establecimiento, trescientos o cuatrocientos años después, de varias colonias griegas (Rosas, Ampurias) en la costa mediterránea. Los griegos (Polibio, Estrabón...) llamaron a la Península *Iberia* y los romanos, desde aproximadamente el año 200 a. de C., *Hispania*, nombres que se usarán en adelante casi indistintamente.

La Iberia o Hispania prerromana se configuró, en efecto, a lo largo de la Edad del Bronce final (1.500-800 a. de C.) y de la Edad del Hierro (800-200 a. de C.), un largo pero continuado proceso de cambios y transformaciones culturales, demográficas, tecnológicas, sociales y económicas −consecuencia bien del desarrollo interno de las culturas protohistóricas peninsulares, bien de influencias exteriores− de intensidad y complejidad comparativamente superiores.

El Bronce final supuso, cuando menos, movimientos de población indoeuropea hacia la Península, pleno desarrollo metalúrgico (para vajillas, hoces, armas, instrumentos de trabajo y artesanía), nuevos rituales funerarios (cremación), creciente peso de la agricultura cerealista, ganadería progresivamente más diversificada, inicios de vida urbana, nuevas formas de cerámica (como la de Las Cogotas, en Ávila, presente en muchos lugares de la Península), poblados más complejos, viviendas menos simples, y estructuras sociales y formas de poder jerarquizadas (acumulación de riqueza, elites guerreras...). La Edad del Hierro, subdividida en los periodos de Hallstatt y La Tène, trajo nuevos aumentos de población, las primeras colonizaciones fenicias y griegas, los celtas, el policultivo mediterráneo (olivo, vid, cereales), la alfarería, la metalurgia del hierro, las primeras ciudades y castros, el inicio de la escritura y las primeras monedas.

DE LA PREHISTORIA A LA HISTORIA

La secuencia cronológica de hechos y culturas parecería ahora, aun con interpretaciones cuestionables y debatidas, suficientemente establecida:

- hacia 1.200 a. de C., primeros grupos indoeuropeos en la Península y cultura de campos de urnas.
- 1.100 a. de C., la supuesta fundación de Gadir (Cádiz) por los fenicios;
- 1.300-650 a. de C., cultura talayótica balear, definida por los *talayot*, torres fortificadas de piedra;
- 900-550 a. de C., Tartessos;
- siglo VIII a. de C., inicio de la Edad del Hierro en la Península;
- 800-600 a. de C., migraciones célticas;
- siglos VIII-VI a. de C., asentamientos fenicios;
- 575 a. de C., fundación de Emporion (Ampurias, Girona), por griegos de Marsella;

- siglos VII-III a. de C., colonización cartaginesa (con fundación de Ebyssus, Ibiza, en el 654 a. de C.);
- siglos VI-V, plenitud de las sociedades y pueblos pre-romanos;
- 228 a. de C., fundación de Cartago Nova;
- 218 a. de C., desembarco de tropas romanas en Emporion.

Los "campos de urnas" (incineración y enterramiento de cenizas en recipientes), localizados en Cataluña, el valle del Ebro y el norte del País Valenciano, probaban, de forma muy característica, la penetración de los pueblos indoeuropeos por el Pirineo oriental a partir de 1.200-1.000 a. de C., penetración que fue haciéndose sucesivamente más intensa y que se tradujo en poblados estables y fortificados en cerros o lugares estratégicos, de casas rectangulares y abundante cultura material (urnas, cerámicas, armas, broches, utensilios y objetos, ya de hierro desde el siglo VIII), esto es, en los poblados que con el tiempo entrarían en contacto con las colonizaciones fenicia y griega y que serían así el sustrato inmediato de la cultura ibérica.

Tartessos (siglo IX a 550 a. de C.), seguramente una región (no una ciudad) extendida por zonas de Huelva y Sevilla originada a partir de enclaves del Bronce final, de economía agrícola y ganadera y minería de cobre y plata (situada además en la ruta del estaño), conoció etapas de desarrollo y prosperidad, como revelan los tesoros allí encontrados (Carambolo, Aliseda). Tartessos, así, estableció relaciones privilegiadas con las colonias fenicias de la Península (como Gadir), razón de su paulatina transformación en un estado o reino, el "primer" estado ibérico, de base urbana y estructura social aristocrática y guerrera cuya influencia económica y comercial se extendió por todo el sureste peninsular. Solo el agotamiento de las minas y el auge de Cartago, que desplazó el foco de la economía del sur peninsular hacia Levante, provocaron, ya hacia el siglo VI a. de C., su eclipsamiento definitivo).

Las colonizaciones mediterráneas, esto es, la colonización fenicia de los siglos VIII a VI a. de C. (Gadir, Malaka, Sexi, Abdera, Mainaké...), la griega de los siglos VII a V (Rosas, Ampurias) y la cartaginesa o púnica de los siglos VII a III a. de C. (Ibiza, Cartago Nova o Cartagena, Baria en Almería...), todas ellas de carácter o comercial-económico (casos de fenicios y griegos) o económico-estratégico (la colonización cartaginesa), incorporaron el área de la costa mediterránea y del sur peninsular al mundo fenicio y griego, un mundo orientalizante (especialmente así en el caso fenicio, colonización mucho más intensa que la griega): los cartagineses hicieron de la región, ya en el siglo III a. de C., una pieza militar importante en su pugna con Roma por el control del Mediterráneo.

Hacia los siglos V-IV a. de C., la Península prerromana estaba, así, definitivamente formada: dos grandes áreas lingüísticas –ibérica y céltica (o indoeuropea)– y varias subáreas étnico-culturales; etnias, pueblos y comunidades –en total, en torno a tres millones de habitantes– conocidos por fuentes romanas muy posteriores.

El área céltica, resultado de las migraciones lentas y discontinuas a lo largo de siglos (a partir del siglo VIII a. de C.) de los celtas, pueblos indo-europeos, incluía: a) los pueblos del norte peninsular (galaicos, astures, cán-

MAPA 1. La Península en los siglos V-IV a. de C.: el área céltica y el área ibérica.

tabros, várdulos, caristios y vascones: pequeñas comunidades asentadas en poblados y zonas montañosas); y b) los celtíberos, tal vez "celtas de Iberia", en torno al valle del Ebro y el sistema ibérico, los vacceos en Castilla-León, vetones (Ávila-Salamanca), carpetanos (La Mancha) y lusitanos (fachada atlántica), todo lo cual integraba una amplia región en el centro de la Península, no muy poblada (en torno a 300.000 habitantes) y con economías agrícola y ganadera –por eso, la presencia de esculturas zoomorfas o "verracos", como los toros de Guisando en Ávila, del 400 a. de C.–, con abundancia de castros o poblados fortificados (por ejemplo, en el noroeste y en

Soria) y algunas ciudades u *oppida* también fortificadas en las áreas celtibéricas (Numancia, por ejemplo), con aristocracias guerreras y jefaturas militares.

El área ibérica, la región costera mediterránea y suroriental andaluza, con penetraciones hacia el interior, la región que coexistía con las colonizaciones fenicia, griega y cartaginesa, incluía a su vez:

1) pueblos como los laietanos, ilergetes, jacetanos o sedetanos en la zona septentrional (Cataluña, norte de Aragón);

2) ilercavones, edetanos y contestanos (región valenciana);

y 3) oretanos, bástulos, turdetanos y otros, en la zona meridional andaluza (por iberización de lo que había sido Tartessos).

En total, unos 2,5 millones de habitantes, unas sociedades, una civilización ibérica –si se quiere– en proceso de urbanización (Ullastret, Ampurias, Sagunto, Baza, Cástulo y Porcuna en Jaén…), con economías basadas en la agricultura, la minería, la ganadería y el comercio, y estructuras sociales jerarquizadas (con aristocracias guerreras) y regidas por *reguli* o reyezuelos locales. Una civilización cuya expresión más llamativa fueron las esculturas femeninas sedentes o *damas* (de Elche, Baza, cerro de los Santos…), lujosamente ataviadas, fechadas en torno a 480-400 a. de C., que serían divinidades o sacerdotisas, o simplemente, damas oferentes.

LA ROMANIZACIÓN

El mundo ibérico –lo acabamos de ver– era una civilización instalada en la dinámica del mundo mediterráneo. Este fue un hecho capital. La pugna por la hegemonía del Mediterráneo entre las dos potencias de la región, Cartago y Roma –Cartago, ciudad fenicia en el norte de África y poder comercial con colonias en Sicilia, Cerdeña, Baleares y la costa ibérica; Roma, la república que desde el siglo v a. de C. dominaba la península italiana–, cambió la historia peninsular. Concretamente, la segunda de las tres guerras que Roma y Cartago libraron entre los años 264 y 146 a. de C. –que concluyeron con la destrucción total de Cartago–, metió de lleno la Península en el conflicto. La guerra, en efecto, fue provocada por la expansión cartaginesa por la península Ibérica, que Cartago vio como clave de su recuperación colonial y militar tras su derrota en la guerra anterior (264-241 a. de C.) y fue desencadenada por el ataque cartaginés contra la ciudad edetana de Sagunto, aliada de Roma. La Península fue escenario fundamental de la guerra.

Aníbal, el general cartaginés, hizo de aquella la gran plataforma de sus ejércitos y la base de su espectacular, pero finalmente fallida, marcha sobre Italia por los Alpes, que llegó a amenazar Roma misma. Roma respondió con el envío de tropas a Ampurias (218 a. de C.), una operación contra las bases peninsulares del poder cartaginés (cuya liquidación llevó a los ejércitos romanos varios años, hasta el 205 a. de C.).

Esto es lo que importa: sin Roma no habría habido España. La presencia romana en Hispania, un territorio

que los romanos conocían mal y sobre el que en principio no tenían proyecto alguno, surgió, pues, como una
mera intervención militar. Derivó enseguida en conquista (197-19 a. de C.), y esta, en la romanización de la Península, en la plena integración de España en el sistema
romano, hasta el final de este ya en el siglo v de la era
cristiana.

La conquista, que incluyó las Baleares, respondió básicamente a tres tipos de razones: 1) estratégicas: con-
trolar y estabilizar la Península, y por tanto, el extremo
occidental del Mediterráneo: 2) económicas: explotación
de los recursos mineros de Hispania (plata, oro, cobre,
piritas, plomo) e incorporación de la economía agrícola
hispana −cereales, aceite, vino...− a la economía romana; 3) políticas: extensión a Hispania de las guerras civiles romanas, carrera militar en Hispania como factor de
prestigio en la propia Roma.

La romanización conllevó, como ya se ha apuntado,
cambios radicales para la historia peninsular: latiniza-
ción, creación de estructuras político-administrativas
(provincias, gobernadores, ciudades, municipios), principios de derecho, red viaria, grandes infraestructuras,
toponimia y onomástica nuevas, idea de ciudadanía,
nuevo orden social, cultura romana, nuevos sistemas religiosos (incluido, ya muy tardíamente, siglo III de nuestra era, el cristianismo).

La conquista −operaciones militares inconexas, no el
despliegue de una estrategia planificada− no fue fácil y
exigió a Roma un considerable esfuerzo. De hecho, la
Península no quedó pacificada hasta el año 19 a. de C.
La ocupación tropezó con focos de rebelión locales en

distintos puntos de la Península –objeto de campañas militares romanas de carácter puntual y temporal– y con la resistencia generalizada de los lusitanos, bajo el mando de Viriato, y de los celtíberos (segedanos, arévacos). Dos largas guerras (149-139 a. de C. y 154-133 a. de C., respectivamente) que obligaron a las autoridades romanas al empleo de ejércitos de 30.000-40.000 hombres y conocieron momentos de considerable violencia, como la destrucción de Numancia en el año 134 a. de C. por Escipión Emiliano, tras ocho meses de sitio.

La conquista se solapó además, como se indicaba, con las guerras civiles romanas. Primero con la guerra de Sertorio (83-73 a. de C.), el general y político romano que, enfrentado a Sila, construyó en Hispania, tras atraerse el apoyo de distintos pueblos hispanos, la base militar y territorial de un posible camino independiente de Roma (y que venció a las legiones romanas en numerosas ocasiones, hasta su asesinato en Osca, Huesca, y la posterior derrota de sus tropas por Pompeyo); y enseguida, con la guerra civil entre Pompeyo y Julio César (49-44 a. de C.), que César extendió a Hispania a la vista de los importantes apoyos militares que Pompeyo tenía en la Península, y que concluyó con la victoria de César sobre los pompeyanos en Munda, cerca de Córdoba, en el año 44 a. de C. La conquista concluyó, finalmente, con la *pacificación* del noroeste peninsular por el ya emperador Augusto (26-16 a. de C.), tras una guerra complicada y dura por la belicosidad de los cántabros.

La romanización, un proceso gradual de transformación de intensidad regional muy distinta, comenzó muy pronto. Roma creó el primer orden institucional para la

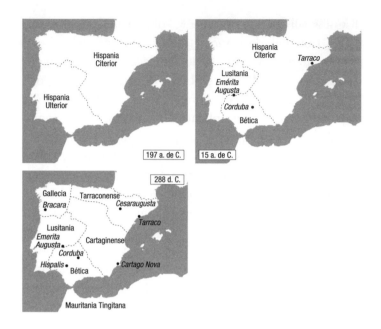

MAPA 2. Provincias de la Península bajo la dominación romana.

Península en la historia, un sistema político-administrativo totalmente latinizado. Por un lado, Roma procedió a la estructuración del territorio en provincias regidas por gobernadores (pretores, cónsules, procónsules, propretores, legados imperiales, según su función específica y las estructuras administrativas romanas):

– dos en el 197 a. de C. (*Hispania Citerior* al norte e *Hispania Ulterior* al sur).

– tres en el 15 a. de C., tras la reforma provincial de Augusto (*Bética* con capital en Corduba, Córdoba; *Lusitania*, capital Emérita Augusta, Mérida; y *Citerior*, capital Tarraco, Tarragona), subdivididas en *conventos* judiciales.

MAPA 3. Ciudades fundadas por los romanos entre 206 a. de C. y el siglo I a. de C.

– y seis en el año 288 de nuestra era, tras la reforma del imperio por Diocleciano: Tarraconense, Cartaginense, Gallecia, Lusitania, Bética y Mauritania Tingitana (norte de África), incluidas en la *diócesis Hispaniarum* (nueva división imperial de rango superior regida por un *vicario* y dependiente de la prefectura de las Galias).

Por otro lado, Roma implantó un complejo sistema de administración local sobre la base de colonias y municipios romanos –con plenos derechos de ciudadanía romana–, municipios de derecho "latino" (escalón previo a la ciudadanía romana), *civitates* o ciudades indígenas sin derechos especiales (pero o federadas o libres o estipen-

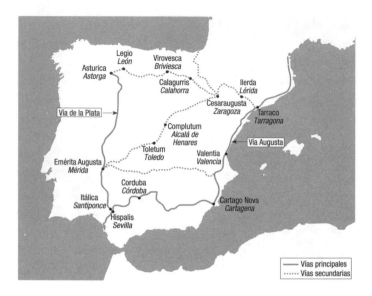

MAPA 4. Calzadas romanas en la península Ibérica.

diarias de Roma) y, por último, poblados o pueblos *(populi)* y *vicus* o *pagus*, esto es, aldeas, todos ellos regulados por las leyes, el derecho y las ordenanzas municipales romanas, y regidos también por magistrados y cargos propios (duunviros, ediles, cuestores).

Roma impulsó la urbanización de la Península. Itálica (Santiponce, 206 a. de C.), asentamiento de veteranos de la guerra púnica, Carteia (en Algeciras, 171 a. de C.), colonia "latina", Valentia, Corduba, Palma, fueron fundadas en época republicana; Tarraco, Barcino (Barcelona), Cartago Nova (Cartagena), Hispalis (Sevilla), Emérita Augusta, Olisipo (Lisboa), Cesaraugusta (Zaragoza), bajo César y Augusto; Clunia, Complutum (Alcalá), Toletum, Asturica (Astorga), Ira Flavia (Padrón) y muchas otras, ya en el siglo I de nuestra era. Las ciudades –unas cuatrocientas, de ellas un centenar, y sin duda Emérita, Tarraco y Corduba, las mayores de todas, con verdadera entidad urbana (entre 14.000 y 40.000 habitantes)– se configuraron según el modelo de la propia Roma e incorporaron por ello construcciones características de la vida urbana romana: termas y baños, alcantarillado, teatros (Mérida, Itálica, Sagunto), anfiteatros, templos, basílicas, acueductos (Segovia, Mérida), foros, arcos de triunfo (Bará, Medinaceli), circos, murallas (Lugo, Coria). La amplia red viaria de calzadas construida (Vía Augusta, Vía de la Plata...) y las obras de infraestructura complementarias (puentes, como los de Córdoba y Alcántara, puertos) vertebraron la Península; y con el tiempo, diversos ramales y redes interiores tejieron una especie de gran retícula de comunicaciones interpeninsulares.

Roma creó una sociedad nueva en la Península. La incorporación al sistema económico romano –explotación de recursos naturales, exacciones fiscales, moneda romana– reguló y potenció la economía peninsular que, al margen de las economías locales y aisladas de subsistencia, pareció incluso configurarse como un modelo –obviamente, no planificado– de economía regional especializada. Con tres pilares básicos: explotación masiva de minas (cobre de Riotinto, en Huelva; oro en el norte y el noroeste, como en Las Médulas, León; plata y plomo en los enclaves mineros de Jaén, Almería y Cartagena); amplia producción agropecuaria (cereal y sobre todo trigo, aceite, vino, productos hortofrutícolas, cría de caballos, lana, esparto, salazón como el *garum* o caballa de Cartagena...) sobre el sistema de *villae* trabajadas por colonos y siervos; exportaciones de aceite y también vino a Roma y otros puntos del imperio mediante comercio marítimo (Hispania importaba productos manufacturados, tejidos, productos de alimentación, metales, cerámica, mármoles, etcétera).

Aun coexistiendo con las formas organizativas prerromanas, la compleja estructura jurídico-social romana se extendió igualmente al mundo social hispano-romano: órdenes jerárquicos (senatorial, ecuestre, decurional), estatus jurídicos (ciudadano romano, ciudadano latino, *peregrini* o extranjeros, libertos, siervos o esclavos, colonos), propiedad privada, sistema familiar (*pater familias*, esposa, hijos y clientelas familiares). Riqueza y estatus jurídico determinaron la estructura de la sociedad y las mismas relaciones sociales. A nivel social: por un lado, la oligarquía imperial hispana (miembros del orden senatorial y del orden ecuestre romanos) y las elites urbanas y familias poderosas que detentaban las magistraturas y la burocracia de las ciudades peninsulares; por otro, la plebe (urbana y rústica), los *peregrini* o extranjeros, los libertos y los esclavos. A nivel jurídico: ciudadanos y no ciudadanos –pero todos ellos hombres libres– y, frente a ellos, los esclavos o siervos (públicos o privados, que trabajaban en el servicio doméstico o en la minería y la agricultura, o como gladiadores o en oficios diversos) y los libertos, esclavos manumitidos (que podían llegar a tener buena posición económica pero que solo excepcionalmente alcanzaban la ciudadanía y, por tanto los cargos públicos). Los romanos no impusieron sus cultos (Diana, Júpiter, Juno, Minerva, Hércules, Ceres, Marte, y a partir de Augusto, el culto al emperador) a la Península: sencillamente, estos se extendieron por ella, y coexistieron con los cultos prerromanos autóctonos de carácter por lo general local, y con los cultos orientales que en su día habían introducido los fenicios, cartagineses y griegos (Astarté, Melqart, Esculapio...).

En cualquier caso, aunque la romanización no fuera ni uniforme ni completa ni simultánea en todas las regiones –fue intensa en la Bética y en las regiones del Mediterráneo, parcial en Lusitania, en las mesetas centrales y el noroeste, y débil en el norte–, Hispania terminó por ser una de las provincias más romanizadas del imperio. Como mostraría la aparición de importantes personalidades romanas originarias de Hispania escritores (Séneca, Marcial, Pomponio Mela, Columela, Quintiliano), senadores, gobernadores provinciales, altos funcionarios, tribunos militares, emperadores (Trajano, Adriano, Teodosio)–, las elites hispanas se integraron pronto en el sistema romano. El emperador Vespasiano concedió el *ius latii*, la ciudadanía latina, a Hispania en el año 74 de nuestra era (aunque según ciertas interpretaciones, limitada a las zonas y ciudades más latinizadas), y Caracalla, la plena ciudadanía en el año 212.

Séneca (4 a. de C.-65 d. de C.), nacido en Córdoba pero educado en Roma y hombre de posición económica muy acomodada, fue sobre todo un filósofo –si bien con una notable y agitada vida pública: cuestor y senador con Calígula, desterrado por Claudio, preceptor de Nerón, implicado luego en una conspiración contra este que le costó la vida , un moralista, cuya obra (*De tranquillitate animi* y muchas otras, junto a una docena de tragedias: *Medea, Fedra...*), impregnada de preocupaciones próximas a la doctrina estoica, giró en torno a la idea de virtud: era, en suma, una meditación moral sobre la vida –sobre la brevedad de la vida, el bien, la actitud ante el dolor y la muerte, la felicidad– que incitaba al hombre a obrar virtuosamente (vida austera, indiferencia ante placeres y éxito, desprendimiento personal…) y a vivir en conformidad con la realidad y la naturaleza, un pensamiento que revelaba ya las preocupaciones morales que empezaban (siglo I de nuestra era) a agitarse en la conciencia del mundo romano. Lucano (39-65) escribió *La Farsalia*, un gran poema épico sobre Pompeyo. Pomponio Mela y Columela (*De re rustica*, doce volúmenes), nacidos en la Bética, fueron geógrafos. Marcial (40-103 de nuestra era), nacido en la Tarraconense, en Bilbilis (Calatayud) y autor de los *Epigramas*, fue sobre todo un escritor satírico, y Quintiliano, su contemporáneo, nacido en Calagurris (Calahorra), un retórico, un pedagogo, cuyas ideas ensalzaban las viejas virtudes morales romanas.

El nombramiento de hispanos como emperadores fue, lógicamente, expresión del alto grado de romanización que había alcanzado la Península, y también del peso que en algunos momentos tuvieron en Roma los círculos de poder hispanos. Trajano (53-117), oriundo de Itálica, emperador entre los años 98 y 117, fue el primer emperador nacido en las provincias del imperio. Nombrado por el senado en razón de su prestigio militar –tras una carrera labrada en las fronteras germano-danubianas–, Trajano fue ante todo un emperador militarista (pero cuya política interna mostró una gran preocupación social por el problema de la pobreza urbana), que entre 100 y 106 conquistó la Dacia –más o menos, Rumanía– y extendió el imperio hacia oriente (Mesopotamia, Armenia, Arabia). Adriano (76-138), un hombre culto fascinado por la cultura griega y por la arquitectura, pariente de Trajano, al que sucedió, y miembro como él de una poderosa familia de Itálica, estabilizó el imperio: visitó muchas de sus provincias y ciudades, fijó y reforzó las fronteras –el ejemplo más conocido: la muralla de Adriano, de 118 kilómetros, en el norte de Inglaterra–, construyó en todas partes templos, monumentos y edificios oficiales como símbolo del poder imperial, y liquidó definitivamente la resistencia judía en lo que pasó a ser la nueva provincia imperial de Palestina. Teodosio, el tercero de los emperadores hispanos (379 395), natural de Cauca (Coca, en Segovia) y miembro también de una influyente familia de la aristocracia hispana, tuvo ya que hacer frente a la crisis del imperio: la desintegración territorial (Teodosio optaría al final por la división entre sus hijos: occidente para Honorio, oriente para Arcadio); el grave problema del asentamiento de los pueblos "bárbaros" en las fronteras, puesto de relieve por la tremenda derrota de Roma ante los godos en Adrianópolis, en los Balcanes, en el año 378; la cuestión de la oficialización o no del cristianismo (que Teodosio, en efecto, oficializó, prohibiendo además, en 391, todos los cultos paganos).

Entre los siglos I y V, por tanto, la historia de Hispania fue parte de la historia de Roma. Aunque la realidad de los pueblos prerromanos no desapareciera totalmente –el caso de la lengua vasca, por ejemplo–, la romanización dio a la Península su primera identidad en la historia: una identidad estrictamente romana, ni siquiera hispano-romana. Terminada la conquista en el año

19 a. de C., Hispania no planteó problemas especiales al imperio. Hispania fue así una parte del universo romano occidental. Los hechos de Roma repercutieron en Hispania, y no al revés.

La cristianización de la Península, por ejemplo, una cristianización, lenta, tardía y no evidente hasta el siglo III de nuestra era –y en las zonas menos romanizadas hasta bien entrada la Edad Media–, arraigó sobre todo en comunidades de comerciantes y artesanos de los núcleos urbanos más urbanizados y abiertos, como las ciudades portuarias de la Bética y del Mediterráneo (nada que ver, pues, con leyendas piadosas como el viaje del apóstol Santiago o la visita de san Pablo a la Península): los mártires de la persecución de Decio (año 250), por ejemplo, se localizaron sobre todo en Tarragona y Zaragoza. El curso del cristianismo peninsular fue paralelo al curso del occidental. A la luz de la evidencia (desaparición de restos arqueológicos de otras religiones y profusión de restos cristianos), la cristianización, favorecida por la legalización del culto por el emperador Constantino en el año 313, se generalizó en Hispania en el siglo IV. Las persecuciones de Diocleciano a principios de ese siglo golpearon ya a numerosas ciudades hispanas: Complutum, Córdoba, Hispalis, Barcelona, Emérita... Los obispos hispanos reunieron su primer concilio peninsular entre los años 303 y 314, en Iliberris (Elvira, Granada). Osio (258-357), el obispo de Córdoba, fue uno de los principales colaboradores de Constantino en la cuestión religiosa, y como tal presidió el concilio de Nicea (325), el primer gran concilio del mundo cristiano. La iglesia hispana tuvo ya sus primeras crisis de crecimiento: disidencias internas, luchas de poder, desviaciones doctrinales. El priscilianismo, un movimiento de tipo profético, ascético y monástico surgido en torno a Prisciliano, obispo de Ávila a partir del año 381, contó con apoyos importantes en distintas sedes episcopales de Hispania y Aquitania, y también con la fuerte oposición de otros obispos hispanos, que lograron la condena por herejía y ejecución de Prisciliano en el año 385.

Aun comparativamente estable, Hispania se vio arrastrada por la crisis final del imperio romano, un proceso largo, no una "caída" súbita, que se inició con la anarquía militar de los años 235-270 y con el propio ascenso del cristianismo a partir del siglo III –un serio desafío al culto imperial romano–, y que en los siglos IV y V escaló hasta una verdadera desestructuración del sistema que llevó a la desaparición institucional del imperio romano de occidente en el año 476 entre problemas ya incontrolables: desintegración administrativa, deslegitimación del poder (autoritarismo imperial, usurpaciones, continuas crisis sucesorias, permanente intervencionismo militar, eclipse de las viejas instituciones romanas), tensiones fronterizas y presión de los pueblos germánicos, guerras y revueltas sociales, crisis económica y social, decadencia de la vida urbana, ruralización.

El detonante de la crisis en Hispania fue la penetración desde la Galia, en el año 409, de varios pueblos germánicos: vándalos, alanos y suevos. La respuesta imperial contra la amenaza, el recurso a los visigodos (pueblo también germánico, romanizado y cristianizado) "federados" al servicio del imperio desde finales del siglo IV e implantados desde principios del siglo V en el sur de la Galia, donde crearon el reino godo de Toulouse (418-507), tuvo resultados sin duda imprevistos para el poder romano. Derrotados en la Galia por los francos en el año 507, los visigodos rehicieron su reino en Hispania (fijando la capital en Toledo en el año 568), buena parte de la cual habían ido conquistando desde Toulouse a lo largo del siglo v. Las invasiones germánicas y la implantación final de los visigodos –unos 150.000 en una población, la hispana, estimada en torno a cuatro millones– supusieron, pues, la liquidación del dominio romano en la Península. Desde el año 197 a. de C., los romanos habían estructurado administrativa e institucionalmente Hispania sobre la base de provincias y municipios. Entre 507 y 711, los visigodos crearon algo más: un estado, un reino propio. El hecho tuvo, sin embargo, poco de excepcional: el imperio romano fue reemplazado en todo occidente a partir del siglo v por un conglomerado caótico e inestable de reinos, pueblos (francos, visigodos, burgundios, anglos, sajones, alamanes, ostrogodos, lombardos...) y enclaves territoriales, embriones de estados por lo general débiles y casi siempre efímeros (pero origen último, con todo, de futuras naciones).

EL REINO VISIGODO

La entidad del estado visigodo fue, en efecto, débil y su vida histórica, breve. Paradójicamente, la memoria visigoda iba a ser extremadamente larga. El goticismo, la tesis del reino "godo" como antecedente de la monarquía astur-leonesa de los siglos IX a XIII y raíz, por tanto, de la idea de recuperación de la Península tras la invasión musulmana –tesis que apareció ya en las propias crónicas oficiales astur-leonesas–, tuvo vigencia recurrente en visiones sustantivas de la historia de España: de la *Historia Gothica* del arzobispo toledano Jiménez de Rada, escrita hacia 1245, a *Los españoles en la historia* de Menéndez Pidal, de 1947. En *España invertebrada* (1921), Ortega y Gasset hacía de la excesiva romanización de los godos hispanos –comparada con el germanismo de los otros pueblos "bárbaros"– una de las posibles explicaciones de la "anormalidad" histórica española. El nacionalismo católico español de los siglos XIX y XX vio en los visigodos los forjadores de la unidad política y espiritual de España: "España empieza a ser –escribió Ramiro de Maeztu, el escritor noventayochista convertido después en uno de los ideólogos de la ultraderecha nacionalista española– al convertirse Recaredo (año 589) a la religión católica".

El unitarismo visigodo, la creación de un estado unitario en España –un hecho único en el caótico contexto de su época, el siglo VI– fue, en muchos sentidos, más nominal que efectivo. El dominio visigodo sobre la Península no fue inmediato. Hasta principios del siglo VI (año 507), los territorios visigodos en Hispania quedaron integrados en el reino visigodo de Toulouse. Luego, algunos enclaves no visigodos –el reino suevo del noroeste, el enclave bizantino del sureste, una importante franja territorial desde Cartagena a Málaga bajo control del imperio romano de oriente desde el año 527– subsistieron hasta tarde: el primero hasta el año 585, el segundo, hasta el 565; los visigodos tuvieron además que combatir en el norte, de forma casi permanente, a los vascones.

El reino visigodo no se consolidó hasta avanzado el siglo VI, con el reinado de Leovigildo (569-586), quien implantó la autoridad del reino sobre la España central y meridional –con centro en Toledo–, dotó al estado del ceremonial y la burocracia palatina propios de una monarquía, liquidó los enclaves suevo y bizantino, y aplastó la rebelión en el sur, apoyada también por Bizancio, de su propio hijo Hermenegildo. A ello siguieron, como factores de unidad, por lo menos dos hechos trascendentes: la conversión de Recaredo en 589 del arrianismo al catolicismo –una medida de distensión hacia la iglesia hispana, que adquirió así autoridad y poder institucionales extraordinarios, y la promulgación en el año 654 por Recesvinto del *Liber iudiciorum*, un código legal –espléndido– de aplicación general en todo el reino.

Aun así, los límites del estado visigodo fueron en todo momento palmarios: exigüidad demográfica; naturaleza electiva de la monarquía, causa de la inseguridad sucesoria que la caracterizó; debilidad económica, ruralización y protofeudalización del reino (concentración de la propiedad en manos de las aristocracias visigoda e hispanorromana, y explotación de la tierra mediante colonos); decadencia de la vida y las economías urbanas, colapso de la economía monetaria, del comercio y de la minería.

Los reyes godos no fueron los primeros reyes "españoles". El latín siguió siendo la lengua oficial. Hispania, y no un término germánico, siguió usándose como nombre geográfico de la Península. En las fuentes de la propia etapa visigótica se hacía referencia a los habitantes de la Península como "godos": ni "romanos", que ya no lo eran, ni "españoles", que aún tardarían en serlo. Fuera de la España central, e incluso en esta, la realidad institucional de la organización territorial del reino visigodo –a cargo de *duces* y *comites* (origen de duques y condes)– debió de ser decididamente precaria. La misma herencia cultural visigoda fue escasa: algunas iglesias prerrománicas (San Juan de Baños, Santa Comba de Bande, San Pedro de la Nave...), orfebrería, restos de alguna ciudad nueva (Reccopolis en Guadalajara, Olite en Navarra), la figura y la obra de san Isidoro, cambios litúrgicos –lo que luego sería el rito mozárabe–y algunos germanismos ("guerra", "burgos", nombres como Rodrigo, Alfonso o Fernando y otros).

Tomada en su conjunto, y no obstante la estabilidad lograda por Leovigildo, la historia del reino visigodo fue más una sucesión de reinados efímeros –en los que la fuerza y la usurpación fueron instrumentos del poder monárquico– que el despliegue de la acción de gobierno de un estado consolidado.

La invasión musulmana de la Península (año 711) fue resultado de la intervención de una expedición militar de tropas del gobernador del norte de África, Musa ben Nusayr, en apoyo de una de las facciones nobiliarias visigodas –los witizanos– en el marco de la guerra civil que estalló a la muerte de Witiza (702-710) por la sucesión del reino. La derrota en Guadalete, en julio del año 711, de don Rodrigo, el *dux* de la Bética y último rey godo –cuya proclamación rechazaron los witizanos– supuso la destrucción del reino visigodo. Entre los años 711 y 718, los ejércitos islámicos conquistaron la Península casi entera: la mejor demostración de la extrema debilidad de la estructura estatal visigótica, que en su etapa final equivalió en buena medida a un verdadero vacío de poder.

Como Roma a partir del 218 a. de C., el islam iba a cambiar radicalmente la historia de la Península. La Bética, la provincia más romanizada de Hispania, iba a ser a partir del año 711 y en muy poco tiempo además, al-Ándalus, una región plenamente arabizada e islamizada. Nadie pudo haberlo previsto: el islam ni siquiera existía antes del año 622. Como hemos ido viendo, la historia de la Península –como la historia en general– careció en todo momento, desde el *Homo antecessor* en Atapuerca a la invasión musulmana, de lógica predeterminada. Lo que realmente pasó tuvo razones y causas evidentes. Pero tuvo también mucho de imprevisto y contingente: realidades oscuras, secuencias discontinuas, factores azarosos, mera sucesión de acontecimientos… La historia es, por definición, estupefaciente.

*L*a Edad Media –escribía Ortega y Gasset en *España invertebrada* (1921)– fue "la época en que España se constituye". Como las "viejas" naciones europeas (Francia, Inglaterra, Escocia, Dinamarca, Suecia, Polonia, Suiza, Hungría, Rusia...), como las espléndidas repúblicas y comunas italianas (Pisa, Génova, Venecia, Milán, Florencia, Lucca, Siena...), como reinos o estados luego desvanecidos (Borgoña, Lituania, Bohemia y otros), España, en efecto, se formó en la Edad Media. La voz "España" (Spanie, Hispania, Yspanie, Spanna, Espanya...), por ejemplo, fue ya reiteradamente usada en la época –y no solo en Castilla y León– para designar una realidad a la vez geográfica, política e histórica superior y común a los reinos peninsulares particulares. Sancho III de Navarra, Alfonso VI de Castilla y Sancho Ramírez I de Aragón se autotitularon –siglo xi– *Rex Hispaniarum*. Alfonso VII (1118-1157) se hizo coronar en León, en 1135, como *Imperator totius Hispaniae*.

Pero, como sucedió en todos los casos citados, la formación de España fue un proceso largo, discontinuo, azaroso y complejo, que distó de ser inevitable y que tuvo, como se irá viendo, varias alternativas posibles. España acabó la Edad Media como un estado cristiano unificado, la monarquía de los Reyes Católicos. Pero en el siglo X, "España" era, sobre todo, al-Ándalus, un estado arabizado e islamizado; y, en el siglo XIII, un conjunto de cuatro reinos cristianos (Castilla y León, Navarra, Aragón, Portugal) y un estado musulmán, el reino nazarí de Granada.

EL PREDOMINIO MUSULMÁN:
AL-ÁNDALUS OMEYA (SIGLOS VIII A XI)

El que a partir del año 711 la Península hubiese formado parte de manera permanente del mundo del islam fue una posibilidad real. La conquista árabe-bereber, llevada a cabo inicialmente por los ejércitos del gobernador de Tánger, Tarik ben Ziyad –unos doce mil hombres, en su mayoría bereberes–, el ejército que venció en julio de 711 a don Rodrigo, y del gobernador de Kairuán (Ifrikiya, la futura Túnez) Musa ben Nusayr –otros dieciocho mil efectivos, muchos de ellos árabes que entraron en la península en el 712–, más los refuerzos que irían llegando posteriormente, fue fulgurante. Salvo por la cornisa cantábrica –Asturias, Cantabria, los territorios vascos– y una pequeña parte de la región pirenaica, para el año 718 los ejércitos islámicos habían conquistado la práctica totalidad de la Península.

El proyecto fue inequívoco desde el primer momento: la arabización e islamización de lo que los conquistadores llamaron inmediatamente *al-Ándalus*, y nunca Hispania, España o demás variables. Inicialmente, hasta el año 750, al-Ándalus se integró como provincia en el califato omeya de Damasco. La ocupación, dirigida por gobernadores nombrados directamente desde Damasco, se hizo de acuerdo con los criterios y principios que habían presidido la expansión del islam desde el siglo VII por Arabia, Siria, Oriente medio y norte de África: operaciones militares, ocasionales tratados de aceptación o sumisión con las poblaciones ocupadas, reparto de tierras, nueva fiscalidad, acuñación de moneda árabe, acomodación de las poblaciones autóctonas (en nuestro caso: cristiana, los *mozárabes;* y judía, minoría escasa bajo los visigodos que crecería bajo la dominación musulmana hasta llegar a los cincuenta mil en los siglos XI-XII), creación de un orden administrativo, y consolidación de las fronteras (que, tras la derrota sufrida por los musulmanes ante los francos en Poitiers en el año 732, se fijarían al norte en el valle del Ebro, y al oeste, en una especie de tierra de nadie, escasamente poblada, a lo largo de la línea del Duero, fronteras defendidas por *coras* o provincias militares musulmanas, y por castillos y fortalezas de nueva construcción, estratégicamente situados).

La ocupación fue, por un tiempo, superficial, la asimilación de la población hispano-romana solo incipiente, y la estabilización del orden árabe-bereber, precaria: tensiones y enfrentamientos de poder entre los conquistadores árabes y bereberes, problemas de convivencia entre las minorías étnico-religiosas (cristianos mozárabes, musulmanes, judíos, muladíes o cristianos convertidos al islam), incertidumbre e inseguridad fiscal y monetaria, discrepancias graves entre las nuevas autoridades sobre las ritmos y las formas de la conquista militar y de la islamización de al-Ándalus, fragmentación territorial del poder en semi-estados provinciales autónomos. Pero la conquista fue, con todo, irreversible.

La creación y consolidación de pequeños enclaves territoriales cristianos al norte del Duero –el reino de Asturias, un territorio poco romanizado y ahora base de refugiados hispano-visigodos– y en la región prepirenaica al norte del Ebro (el reino de Pamplona, los condados de Aragón, Sobrarbe, Ribagorza, Barcelona, Manresa, Cerdaña, Urgel), aquí por iniciativa o bajo la influencia del reino carolingio, el gran imperio cristiano francogermánico de Carlomagno, como parte de su "marca" o frontera militar en la región, fue en el corto plazo comparativamente poco significativa. Aun capaces ya en los siglos VIII y IX de combatir militarmente contra los ejércitos musulmanes, los enclaves cristianos del norte no constituían una amenaza militar seria para al-Ándalus. La victoria de Pelayo en Covadonga en el año 722, que la tradición nacional española magnificaría como el origen de la reconquista, apenas tuvo eco alguno en las fuentes musulmanas.

Los primeros reinos y condados cristianos fueron, pues, núcleos de resistencia. Así, el pequeño territorio vascón de Pamplona, vertebrado en torno a la dinastía Arista, un reino independiente del control carolingio (como mostró el episodio de Roncesvalles, año 788, en el que los vascones aniquilaron la retaguardia de un ejército de Carlomagno que había entrado en la Península para estabilizar las fronteras del Ebro); y los condados aragoneses y catalanes, creación directa, como ha quedado dicho, del estado carolingio y reorganizados tras la desintegración de este en los condados de Aragón y de Barcelona (que con Borrell II, 947-992, englobó a todos los territorios de lo que desde el siglo XII se llamaría

MAPA 1. Al Ándalus en el año 732, en su época de máxima extensión.

Cataluña), estaban en los siglos IX y X todavía solo precariamente consolidados.

Con todo, los reyes asturianos (Pelayo, Alfonso I, Alfonso II, Ordoño I, Ramiro I, Alfonso III...) extendieron su reino (siglos VIII y IX) por toda la cornisa cantábrica y gallega, el norte de Portugal y la cuenca del Duero. Alfonso II (781-842), a favor de la creciente inmigración a su reino de mozárabes procedentes de al-Ándalus, reorganizó la corte de acuerdo con el protocolo y la administración visigodos –proclamando así la continuidad entre el reino de Asturias y la monarquía visigoda–, adoptó el *Liber Iudiciorum* de esta como base jurídica de su reino, y rompió con la iglesia toledana (sometida al poder musulmán). Alfonso III (866-910) pudo ya trasladar en el año 910 la capital de Oviedo (donde quedaron edificios prerrománicos singulares, como la cámara santa, Santa María del Naranco y San Miguel de Lillo) a León, llave del Duero. El "descubrimiento" en el siglo IX del sepulcro del apóstol Santiago en Compostela –enseguida objeto de peregrinación para toda la cristiandad occidental– y la colonización y repoblación del Duero a lo largo del siglo X, sobre todo bajo Ordoño II y Ramiro II, reforzaron lógicamente la estabilidad y el dominio de León (Asturias, Galicia, León y las regiones fronterizas de Portugal y Castilla).

Aun así, los objetivos inmediatos y perentorios de los territorios cristianos –condicionados por su situación de frontera con el islam, su circunstancia histórica específica– eran puramente defensivos: consolidación de bases territoriales propias, fijación y protección de fronteras, legitimación del poder territorial. No había –no podía haberlos– ni ideal de reconquista ni ideal unitario: la política militar de los reinos cristianos, la guerra, respondía básicamente a las necesidades de su seguridad y defensa. León abrigó ambiciones y sentimientos "imperiales", derivados de su voluntad hegemónica como reino. El prestigio y la fuerza de la monarquía leonesa, el posible hegemonismo leonés –que sin duda existió, producto del crecimiento del reino en los siglos IX y X–, se vieron, sin embargo, gravemente cuestionados desde pronto. Primero, por la formación a partir del año 970 en la frontera fortificada oriental, en la región de Burgos, de Castilla como condado independiente, un principio de desvertebración del reino. Segundo, por la aparición del reino de Pamplona –o Navarra, nombre que apareció en fuentes carolingias del siglo VIII y cuyo uso fue extendiéndose–, como alternativa –explícita– a León. Su rey Sancho Garcés I (905-925) conquistó para el reino pamplonés la Rioja y algunos pequeños enclaves aragoneses, e intervino activamente en asuntos internos de León y Castilla. Sancho Garcés III (Sancho el Mayor, 1000-1025) anexionó Sobrarbe, Ribagorza, tierras del valle del Ebro y Soria y territorios de Álava, Vizcaya y Guipúzcoa –nombres que con gran imprecisión geográfica aparecieron en los siglos IX a XI–, y aun la propia Castilla (1029), una incorporación temporal por razones de parentesco.

El hecho era además que, como mostraban otros ejemplos europeos y ante todo el propio imperio carolingio, la realidad social y político-jurídica de la alta Edad Media (economías rurales de ámbito comarcal, pobre desarrollo de vías de comunicación, sentido vasallático y patrimonial del poder, aparatos y burocracias de gobierno elementales) no era compatible con unos estados de gran extensión. En 1035, en cualquier caso, Sancho el Mayor dividió sus territorios entre sus hijos: dejó Pamplona a su hijo mayor García, y creó los nuevos reinos de Aragón (para Ramiro) y Castilla para Fernando, que entre 1037 y 1065 reunió por matrimonio las coronas de Castilla y León (aunque la unión definitiva entre ambos reinos no se produjo hasta 1230).

En torno al año 1000, los reinos cristianos componían –que es lo que importa– unos dominios de unos 160.000 kilómetros cuadrados de extensión, con una población que podría aproximarse al medio millón de habitantes. El

MAPA 2. Año 1000: reinos cristianos y califato de Córdoba.

califato de Córdoba, el gran estado en que desembocó, entre los años 929 y 1031, al-Ándalus, abarcaba unos 400.000 kilómetros cuadrados y su población estaba en torno a los tres millones de habitantes.

EL CALIFATO DE CÓRDOBA

En efecto, la conquista iniciada por Tarik y Musa había culminado en la creación de un poder islámico nuevo. El califato de Córdoba fue el resultado, de una parte, de la propia dinámica generada en la Península por la expansión musulmana; y, de otra, de los cambios y crisis que en los siglos VII y VIII convulsionaron el islam y concretamente, de la caída del califato omeya de Damasco en el año 750, y de la implantación de un nuevo orden islámico, el califato abasí, con capital en Bagdad. En el 756, un omeya de la antigua familia califal, Abd al-Rahman ben Mu'awiya (734-788), huido primero al Magreb y luego a al-Ándalus, proclamó con el apoyo de grupos yemeníes y bereberes el emirato independiente de al-Ándalus con capital en Córdoba; luego, en 929, su nieto Abd al-Rahmán III (891-961), rompiendo toda vinculación religiosa con Bagdad, transformó el emirato en califato y asumió la doble jefatura política y religiosa de todo al-Ándalus. Aunque ni el emirato independiente (756-929) ni el califato (929-1031) fueran estados plenamente estables –se produjeron numerosos levantamientos y rebeliones, graves tensiones por el poder entre clanes y facciones árabes y bereberes, y problemas de orden territorial con distintos gobiernos locales (por ejemplo, la rebelión del muladí Ibn Hafsun en Bobastro)–, al-Ándalus iba a conocer un periodo de unidad estatal y continuidad institucional sin precedentes. Emires y califas pudieron desarrollar así una amplia acción de gobierno: la plena arabización e islamización de al-Ándalus (islamización especialmente intensa y prolongada desde el siglo IX que conllevó, si fue preciso, la represión y marginación de la población cristiana mozárabe y también, en algunos momentos, de las comunidades judías), racionalización y mejora del gobierno y la administración central y provincial, reorganización del sistema financiero –nuevos impuestos, nuevo orden monetario–, reforzamiento de los ejércitos sobre la base del reclutamiento de tropas mercenarias, superioridad militar (puesta de relieve, no obstante victorias cristianas esporádicas como la de Simancas en el año 939, por las expediciones militares de al-Mansur, *Almanzor*, sobre territorios cristianos ya a finales del siglo X que culminaron con la toma de Barcelona en el 985 y el saqueo de Santiago de Compostela en el 997), sumisión de los reinos cristianos, consolidación de fronteras en el Duero y en la línea Medinaceli-Calatayud, penetración en Baleares, protectorado sobre el Magreb (Melilla, Ceuta, Tánger...), despliegue diplomático internacional.

El resultado fue un estado islámico y una profunda transformación económica y social de tipo oriental que, no obstante la desintegración del califato en reinos de *taifas* a partir de 1031, iba a consolidarse a lo largo de los siglos XI a XV: economía agropecuaria (ganadería: ganado ovino y también caballos, mulos, asnos y vacuno; agricultura, una verdadera revolución: olivos, viñas, arroz, cítricos, caña de azúcar, trigo, cebada, hortalizas, azafrán, almendros, higueras, membrillo...), nueva forma de poblamiento (ciudades, castillos, alquerías), intensa urbanización (creación de nuevas ciudades como Badajoz, Murcia o Almería, y refundación de otras muchas: la ciudad, en todo caso, como centro comercial y artesanal), regadíos (acequias, albercas, aljibes, norias...), industrias (textil −lino, seda−, cuero, peletería, cordelería, cerámica, papel, metalurgia ligera, ladrillos, yeso, canterías, molinos), minería (plata, cobre, oro, galena, hierro), gran dinamismo comercial (comercio interior en las ciudades; comercio exterior por todo el área del Mediterráneo).

La arabización, que fue muy rápida (los mozárabes eran precisamente cristianos arabizados), y la islamización, que en torno al siglo XII era ya prácticamente completa, integraron al-Ándalus en el universo moral y científico de la cultura árabe-islámica oriental. La cultura andalusí generó, así, una obra considerable: ciencias, astronomía, geografía, medicina, religión, pensamiento jurídico, poesía (las "moaxajas", los "céjeles", *El collar de la paloma*, 1027, de Ibn Hazm), música, filosofía (Ibn Bayya, *Avenpace*, 1075-1138; Ibn Tufayl, *Aventofail*, 1110-1185; Ibn Rusd, *Averroes*, 1126-1198; Maimónides, filósofo judío, de Córdoba, forzado a adaptarse al islam, y autor en 1190 de *Guía de perplejos*), y arte (mezquitas, alminares, murallas, alcázares, alcazabas, cerámica, objetos suntuarios, cajas labradas de marfil, tejidos...).

La mezquita de Córdoba, cuya construcción inició Abd al-Rahmán I en el año 786 y que ampliaron y reformaron sus sucesores, fue la expresión del poder político, militar y religioso del estado califal cordobés: un imponente monumento y una obra bellísima, con arquerías de dos arcos superpuestos, arcos con dovelas alternas de piedra blanca y ladrillo rojo, arcos lobulados entrelazados (en el *mirhab*, o sala de oraciones), bóvedas de nervios, mosaicos y mármoles.

El califato de Córdoba fue un gran momento de la historia. Su desintegración en el año 1031 resultó por eso mismo un hecho decisivo: rompió el equilibrio militar peninsular a favor de los reinos cristianos. Los esfuerzos reunificadores posteriores –de almorávides (1090-1145) y almohades (1147-1212), fueron efímeros y, por ello, fallidos. La fragmentación de al-Ándalus en semi-estados autónomos, los reinos de *taifas* (unos veinte tras 1031: Zaragoza, Badajoz,

MAPA 3. Los reinos de taifas (año 1031).

Toledo, Albarracín, Valencia, Granada, Sevilla, Almería...), quedó a todos los efectos como un hecho definitivo. Esta es la conclusión esencial: no es que el avance cristiano provocara el desmembramiento del estado omeya cordobés, sino al revés: fue la desmembración del estado cordobés lo que posibilitó el avance cristiano.

La desintegración del califato de Córdoba se precipitó, en efecto, en la violenta, caótica y generalizada lucha por el poder (entre omeyas, amiríes, jefes militares, gobernadores provinciales y locales, notables árabes y bereberes) que siguió a la abdicación forzada en 1009 de Hisham II, el último califa omeya legítimo, y culminó en la abolición del califato en 1031.

La crisis del estado cordobés fue una profunda crisis de legitimidad de la propia institución califal y como tal tuvo causas fundamentalmente internas. Causas inmediatas: la falta de autoridad en el califato derivada de la débil personalidad de Hisham II (976-1009); la desconfianza y malestar producidos en círculos del poder por el régimen autoritario creado entre 978 y 1002 por al-Mansur, *Almanzor* (Muhammad ben Abi Amir), un miembro de la aristocracia cordobesa de origen árabe que, desde la administración califal, asumió el poder militar, que ejerció brillantemente, y el poder político, como *hayib* o chambelán real; y la crisis por la sucesión de Hisham II a partir de 1009. Y causas profundas: la debilidad de los conceptos de "estado" y "nación" en el islam, que fue siempre una comunidad de creyentes y no una idea territorial; la concepción árabe-islámica del poder como liderazgo carismático (político, militar, religioso) apoyado en clientelas étnico-tribales y lealtades personales (liderazgo que en Córdoba se reconoció a Hisham II y aun a Almanzor, pero no a sus sucesores); la mal resuelta relación entre poder central y poder regional en el estado califal cordobés, basado, como ya ha quedado dicho, en semi-estados autónomos con dinastías propias (los futuros reinos de taifas, una castellanización de *mulûk al-tawâif,* "reyes de principados").

EL GRAN AVANCE CRISTIANO: LA RECONQUISTA (SIGLOS XI A XIII)

Una cosa es evidente: España no nació en Covadonga en el año 722. España nació, en todo caso, entre los siglos

XI y XIII, los siglos en los que el avance reconquistador cristiano –enseguida lo veremos– fue casi definitivo: tras la conquista de Sevilla en 1248 habría ya solo un estado musulmán en España, el reino nazarí de Granada (1237-1492), que englobaba Málaga, Granada y Almería.

Significativamente, la palabra "español", palabra de origen occitano, comenzó a usarse aplicada a los naturales de los reinos cristianos peninsulares a finales del siglo XI. La leyenda de la "pérdida de España" por don Rodrigo, el último rey godo –leyenda muy temprana que apareció por escrito en la llamada *Crónica mozárabe* de 754– constituyó uno de los ciclos más característicos de la poesía épica de los siglos XI y XII, y del romancero castellano (siglos XIV y XV). La misma "historia de España", como algo distinto a las meras crónicas y anales de reyes y reinados, nació en el siglo XIII con el *Chronicon Mundi* (1236) de Lucas de Tuy, la *Historia Gothica* o *De rebus Hispaniae* (1243) de Rodrigo Jiménez de Rada y la *Estoria de España* de Alfonso X, completada entre 1271 y 1283 y escrita además ya en lengua vernácula. La "primera" España no surgió –conviene advertirlo ya– como una unidad, sino al contrario: constituyó una pluralidad de reinos (Castilla y León, unificados definitivamente en 1230; Navarra, nombre oficial del reino de Pamplona desde 1162 e independiente hasta 1512; Portugal, nacido como reino en 1139; y Aragón, o la corona de Aragón, creada en 1137 por la unión dinástica de la hija del rey de Aragón con el conde de Barcelona). El avance cristiano fue en todo momento paralelo al proceso de construcción de los reinos y enclaves cristianos, los citados, como monarquías territoriales estables y consolidadas, como estados "soberanos" propios y distintos.

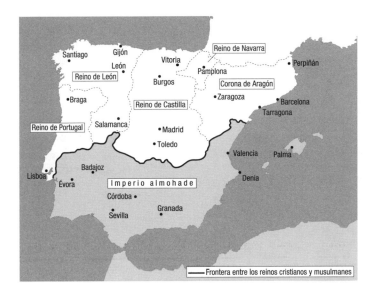

MAPA 4. La primera España: cinco reinos a mediados del siglo XII.

El avance cristiano en la Península, paralelo a las cruzadas a tierra santa (1096-1270) y a la expulsión de los musulmanes de Cerdeña por Pisa (1022) y de Sicilia por los normandos (1091), fue, además, la manifestación "regional" –dramatizada, si se quiere, por la proximidad y magnitud de la frontera hispánica con el islam– de un hecho general: la afirmación del cristianismo como fundamento del nuevo orden occidental que estaba surgiendo desde los siglos IX y X. Como sucedería en toda la cristiandad, el cristianismo de los siglos IX a XIII –un cristianismo militante, seguro de su fuerza espiritual y doctrinal– creó en los reinos cristianos peninsulares un nuevo universo moral (que no existía, por ejemplo, ni en el 711 ni en el 722,

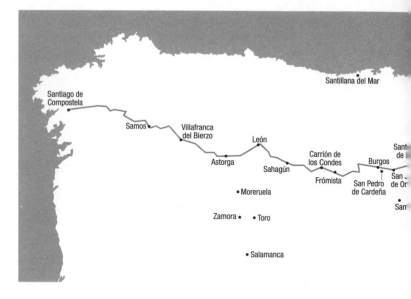

MAPA 5. El paisaje religioso, siglos IX al XIII: catedrales, iglesias y monasterios en el entorno del Camino de Santiago.

los años de Guadalete y Covadonga, y que existía ya en 1085, año de la reconquista de Toledo): extensión de la vida monástica (benedictinos, cartujos, carmelitas, franciscanos, dominicos) antes casi inexistente, con abadías y monasterios (Ripoll, Liébana, Silos, Cardeña...) como principales centros de devoción y erudición, y polos de repoblación y explotación agraria; afirmación de la autoridad papal, incorporación de la liturgia romana y de la reforma gregoriana; nuevo rigorismo religioso (asociado a las órdenes antes citadas, y otras similares); emergencia de Santiago de Compostela desde el siglo IX como uno de los grandes centros de peregrinación de la cristian-

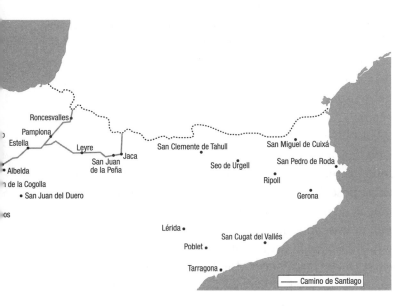

dad a través de un camino que desde Francia avanzaba por Jaca, Pamplona, Estella, Logroño, Burgos, Frómista, Carrión y Palencia, León, Astorga, Lugo y Santiago. La pujanza del románico, fruto de la intensísima actividad constructora de catedrales, iglesias y monasterios de los siglos XI a XIII, en Cataluña (San Pedro de Roda o Seo de Urgel, las catedrales de Gerona, Tarragona y Lérida, San Cugat del Vallés), a lo largo del Camino de Santiago (Jaca, Leyre, la catedral de Santiago, San Isidoro de León) y en Castilla y León (iglesias segovianas con galerías porticadas, colegiata de Santillana del Mar, San Juan del Duero en Soria...); la generalización a través de las iglesias de la nueva escultura religiosa de tipo monumental (pantocrátores, imágenes de Cristo crucificado, de la virgen con el niño, escenas bíblicas...), expresión de los nuevos cultos difundidos por la iglesia desde el siglo X, atestiguaban la cristalización del cristianismo como la cultura constitutiva, y popular, de los reinos del norte de España. El cristianismo hizo entre los siglos IX y XIII del paisaje de esa parte de España un paisaje religioso, eclesial, monástico.

Posibilitado, como ha quedado dicho, por la desintegración del califato de Córdoba –al extremo de que ya hacia 1060 los reinos cristianos habían impuesto a los reinos de taifas poscalifales *parias* o pagos de fuertes cantidades en metálico como forma de protectorado militar–, el avance militar cristiano fue relanzado por Fernando I de Castilla y León (1035-1065), que entre 1054 y 1065 llevó la frontera en el Duero hasta el río Mondego, el río portugués de las regiones de Viseu y Coimbra. Y quedó consolidado con dos hechos militares tempranos pero ya decisivos: la conquista de Toledo en 1085 por Alfonso VI (1065-1119), y los grandes avances logrados en la otra gran frontera peninsular, la frontera del Ebro, por el rey de Aragón Alfonso I el Batallador (1104-1134), ya a principios del siglo XII.

Por su valor simbólico y espiritual como capital del reino visigodo y cabeza del cristianismo hispano, y por su valor estratégico como llave del Tajo, la conquista de Toledo fue fundamental. La caída de Toledo, que decidió a los emires musulmanes a llamar en su auxilio a los almorávides (dinastía bereber del Sáhara que regía en el Magreb) rompió el equilibrio militar en la región central de España en favor de Castilla y León. Con sus victorias en Zallaqa (1086), Consuegra (1097) y Uclés (1108), los almorávides contuvieron el avance cristiano, y entre 1090 y 1145 reunificaron parcial y temporalmente al-Ándalus:

recuperaron, por ejemplo, Valencia, que el Cid había tomado en 1094. Pero las líneas fronterizas anteriores ya nunca fueron restablecidas.

El avance aragonés no fue menos significativo e importante: primero, porque el reino de Aragón –en el que entre 1076 y 1134 se integró Navarra por vía electiva (tras el asesinato del rey navarro)– era desde 1074, en que se autoproclamó vasallo del papa, el principal eslabón peninsular de la cristiandad europea (más así tras la incorporación de Navarra, que hizo de Aragón la cabecera del Camino de Santiago); y porque el Ebro, y sobre todo Zaragoza, unos de los reinos de taifas más brillantes y prestigiosos, tenían, como Toledo, un gran valor estratégico. Entre 1107 y 1134, Alfonso I el Batallador conquistó Ejea, Zaragoza (1118), Tudela, Soria (1120), Calatayud, Molina de Aragón, Morella, Mequinenza y solo fracasó, ante los almorávides, en Fraga (1134). El conde de Barcelona Ramón Berenguer III (1082-1131) hizo paralelamente de su región una pequeña potencia militar: conquistó Tarragona e hizo tributarios suyos a los reinos islámicos de Lérida y Valencia, encabezó una primera expedición contra Baleares –en poder musulmán desde 903–, heredó el condado de Cerdaña y se aseguró los derechos sobre el condado de Provenza, lo que hacía de Cataluña, nombre que empezó a usarse en el siglo XII, un poder transpirenaico.

Más aun, la nueva fragmentación de al-Ándalus en taifas tras la crisis y descomposición en 1145 del "imperio" almorávide (que, con todo, dejó en Sevilla obras espléndidas como la Giralda y la Torre del Oro), dio definitivamente a los reinos cristianos la superioridad militar. Alfonso VII (1126-1157), cuyas expediciones militares pe-

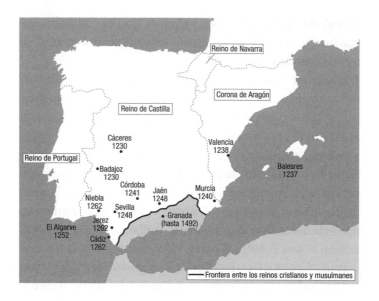

MAPA 6. El avance de la reconquista entre 1212 y 1270.

netraron en profundidad en los reinos andalusíes del sur, llevó la frontera castellano-leonesa hasta las proximidades del Guadiana; Alfonso I de Portugal –nacido como "condado" en 1095 por cesión del rey castellano-leonés Alfonso VI y proclamado reino por Alfonso I Enríquez en 1139– tomó Lisboa en 1147; y Ramón Berenguer IV, que en 1137 unificó por vía matrimonial Aragón y Cataluña en la corona de Aragón, conquistó entre 1148 y 1160 Lérida, Tortosa, Fraga y otras plazas, y su hijo Alfonso II de Aragón, Teruel (1171) y tierras de su entorno, otro enclave estratégico decisivo. Los reinos cristianos pudieron ya delimitar, mediante tratados explícitos (Tudillén, Cazorla, Almizra) o acuerdos tácitos –o mediante el "derecho" de guerra–, sus respectivas zonas de influencia y expansión territorial. El último gran esfuerzo musulmán en la Península, el imperio almohade (1147-1212), fracasó. Los almohades (una dinastía del Atlas marroquí que derribó el dominio almorávide e impuso un nuevo régimen en Marrakech sobre ideales islámicos fanáticos y ultrarrigurosos) volvieron a reunificar el Magreb y buena parte de al-Ándalus (tras cruzar el Estrecho y derrotar a los ejércitos castellanos de Alfonso VIII en la batalla de Alarcos, el 19 de julio de 1195), y estabilizaron por un tiempo la situación. La posible recuperación almohade, apoyada en un fuerte esfuerzo militar –que tuvo enfrente de forma destacada a las recién creadas órdenes militares cristianas (Alcántara, Calatrava, Santiago)–, fue literalmente destruida por la victoria de una gran coalición cristiana –castellanos, aragoneses, navarros, portugueses y voluntarios de toda la cristiandad convocados a "cruzada" por el papa Inocencio III–, bajo el mando de los reyes de Castilla (Alfonso VIII), Navarra (Sancho VII) y Aragón (Pedro II), sobre los ejércitos de Muhammad al-Nasir, el cuarto soberano almohade, en la batalla de Las Navas de Tolosa (Jaén), el 16 de julio de 1212. Las consecuencias fueron devastadoras: con los pasos de Sierra Morena bajo control cristiano, la frontera quedó desplazada de inmediato hasta el Guadiana, y la vía hacia el Guadalquivir quedó despejada. Alfonso IX de León tomó Cáceres y Badajoz (1229-1230); Fernando III el Santo, que en 1230 reunificó Castilla y León, conquistó Murcia (1240), Córdoba (1241), Jaén, Sevilla (1248), Jerez, Cádiz y Niebla (1262); Jaume II, el rey catalano-aragonés, las

Baleares (1237) y Valencia (1238); Alfonso II de Portugal, el Algarve (1250-1252).

En torno a 1270, la "reconquista" estaba prácticamente terminada. Del antiguo dominio musulmán solo subsistiría, como se indicó, el reino nazarí de Granada (1237-1492), unos treinta mil kilómetros cuadrados, en torno a trescientos mil habitantes, que además se declaró vasallo del rey de Castilla. El problema del control del Estrecho –que se hizo evidente ahora, tras la conquista de al-Ándalus, en las incursiones que sobre aquel territorio harían desde las costas magrebíes los benimerines (una nueva dinastía bereber que entre 1258 y 1465 impuso su poder en Marruecos y el conjunto del Magreb)– se solucionó, parcialmente, con la victoria de Alfonso XI sobre aquellos en la batalla del río Salado (1340), y con la posterior toma de Algeciras (1344).

EL POLICENTRISMO ESPAÑOL:
ESPAÑA, PLURALIDAD DE REINOS

Ortega y Gasset llevaba razón cuando en *España invertebrada* (1921) escribió que no entendía que se llamara reconquista a una cosa que llevó ocho siglos. La reconquista, como se acaba de ver, no duró ochocientos años; la reconquista real duró dos siglos. No creó la unidad de España. En 1270, España era una pluralidad de reinos; siguió siéndolo hasta 1492.

El gran avance cristiano sobre al-Ándalus no fue un proyecto en común. No obstante alianzas ocasionales, a veces importantísimas, entre los reinos cristianos, la reconquista avanzó por vías paralelas: respondió a las necesidades geoestratégicas, aspiraciones territoriales, razones de seguridad y defensa, intereses dinásticos y proyectos estatales e institucionales separados de los distintos reinos peninsulares. Las divisiones y diferencias entre estos fueron a menudo graves. El orden cristiano peninsular fue –durante y después de la reconquista– un equilibrio inestable, y muchas veces un teatro de tensiones. La misma unión de Castilla y León no fue definitiva, como ya se ha indicado, hasta 1230. Las relaciones entre ambos reinos –unificados entre 1037 y 1065, y entre 1072 y 1157, y separados otra vez durante setenta y cinco años, entre 1157 y 1230– fueron, hasta la unificación, difíciles, y en ocasiones plenamente hostiles: disputas por la jerarquía entre ambas coronas, graves tensiones dinásticas (la unificación de 1072, por ejemplo, fue precedida por una breve guerra entre los reinos, y por la posible participación de Alfonso VI de Castilla en el asesinato de su hermano Sancho II de León), problemas fronterizos y territoriales (en torno, por ejemplo, a la "Tierra de Campos", incorporada a Castilla pero reclamada por razones históricas por León) y diferencias en torno a la delimitación de los espacios de reconquista. León se reservó la conquista y repoblación de Extremadura –que, en efecto, realizaron Fernando II y Alfonso IX, reyes leoneses– y no participó en Las Navas de Tolosa.

Igualmente, el primer intento de unión dinástica entre Castilla y Aragón –el único antes del siglo XV–, el matrimonio en 1109 entre Urraca de Castilla, la hija de Alfonso VI (la primera titular de un reino en España), y Alfonso I de Aragón, Alfonso el Batallador, fue un completo desastre personal y político que terminó en la ruptura en 1114, y dejó una herencia de disputas territoriales entre ambos reinos que tardó tiempo en resolverse. Castilla y Aragón pactaron en 1151 –tratado de Tudillén– el reparto de la Península: conquista de Levante para Aragón, y de La Mancha y Andalucía para Castilla, que ambos reinos, que colaboraron en muchos momentos de la reconquista, respetaron y ratificaron posteriormente. Problemas, con todo, los hubo. Aragón, por ejemplo, se anexionó en 1304 –contra la voluntad de Castilla– el norte de Murcia (Alicante, Elche…). Por abreviar, la llamada "guerra de los dos Pedros" (Pedro I de Castilla y Pedro IV de Aragón), que enfrentó a los dos reinos entre 1365 y 1375 y que sancionó el giro hacia la hegemonía castellana en la Península, puso de relieve las graves diferencias que en materias importantes existían entre Castilla y Aragón: sobre cuestiones fronterizas (Murcia, Alicante), en torno a la propia política dinástica peninsular (Aragón, por ejemplo, apoyó en principio las aspiraciones de los Trastámara en Castilla frente a la línea dinástica oficial) y sobre política internacional, concretamente sobre la guerra de los Cien Años entre Francia e Inglaterra, y sobre el equilibrio en el Mediterráneo.

El policentrismo, la coexistencia (pacífica o armada) de varios estados soberanos, definía la realidad española. Castilla y León –unos 355.000 kilómetros cuadrados, unos cuatro millones de habitantes–, un conglomerado de tierras y antiguos reinos en el norte, y los nuevos e inmensos territorios en los valles del Guadiana y del Guadalquivir (una Castilla, pues, que nada tenía que ver con la pequeña Castilla de Fernán González y el Cid), emergió a finales del siglo XIII como un estado básicamente peninsular: el primero, por extensión y población, de los reinos peninsulares. Alfonso X y Alfonso XI, primero, y luego, ya en el siglo XIV, Enrique II, hicieron del nuevo reino castellano-leonés –previamente un estado en construcción– un verdadero estado soberano, esto es, un reino con un aparato de gobierno y administrativo institucionalizado, y con concepciones y proyectos políticos mínimamente definidos.

Alfonso X (1252-1284) creó las bases del derecho castellano (el *Fuero Real*, las *Siete Partidas*...), reguló la ganadería trashumante, base ya de la muy importante producción lanera castellana (regulación del concejo de la Mesta, 1273), dirigió la repoblación de toda la baja Andalucía y Murcia, fomentó la cultura como responsabilidad de la corona (escuela de traductores de Toledo; el mismo rey escribió las *Cantigas de Santa María* y la *Estoria de España*) e inició una política internacional de prestigio al proponerse –con importantes apoyos europeos– para la corona imperial (la corona del sacro imperio romano-germánico, más una dignidad nominal que un poder efectivo, que desde 1273 ostentarían los Habsburgo). Alfonso XI (1312-1350) –que se coronó en Las Huelgas (Burgos) como forma de reafirmación del poder regio– aprobó en 1348 el ordenamiento de Alcalá, una serie de leyes que fijaban y regulaban la administración de justicia, la organización y el procedimiento judiciales, el derecho civil, penal, municipal, señorial y territorial castellano y numerosas instituciones civiles y penales; una pieza maestra, pues, en la transformación de Castilla en un reino basado en leyes y derecho.

Enrique II (1369-1379), el fundador de la dinastía Trastámara, que encabezó la rebelión nobiliaria contra su hermanastro el rey Pedro I (una verdadera guerra civil (1366-1369) en la que Enrique estuvo apoyado por Francia, Aragón y contingentes de soldados extranjeros, que acabó con la muerte de Pedro I en Montiel), reforzó y reestructuró todos los órganos de gobierno como instrumentos ya de un verdadero estado al servicio de una monarquía fuerte. Enrique II gobernó con las cortes (asambleas de representantes de estamentos, ciudades y villas que habían nacido en León en 1188), que reunió con frecuencia; potenció el consejo real, órgano asesor del rey en materias jurídicas y de gobierno; reformó la cancillería, el notariado burocrático del reino; organizó la audiencia (cortes de Toro de 1371) como una especie de tribunal superior de justicia; y apuntó a la especialización de las "hermandades" como fuerzas de policía rural. También mantuvo la política exterior de amistad con Francia. Fue el primer rey castellano que –por la diplomacia o por la fuerza militar o por enlaces matrimoniales, o por una combinación de todo ello– desplegó una verdadera política de posible integración peninsular bajo hegemonía castellana.

La corona de Aragón fue desde su creación (1137), por un lado, un estado pirenaico con importantes intereses sobre varios condados transpirenaicos (Rosellón, Cerdaña, Provenza...), derivados de las viejas aspiraciones catalanas, que le implicaron en la compleja política del sur de Francia, de Occitania; y por otro, un estado mediterráneo, también consecuencia de la dinámica catalana, la dimensión que terminaría por definir el destino futuro de la corona. La reconquista por Jaume I de las Baleares (1229) y Valencia (1239) creó las bases de un imperio mediterráneo. Pedro III el Grande conquistó Sicilia en 1282;

Jaume II inició en 1323-1325 la ocupación de Cerdeña, no lograda plenamente hasta 1420; los almogávares –compañías de tropas de voluntarios catalanes, aragoneses, napolitanos, sardos, sicilianos, etcétera– entregaron a Pedro IV en 1390 los ducados de Atenas y Neopatria en Grecia; Alfonso V reinó en Nápoles –por vía familiar– desde 1443.

Bloqueada entre Castilla y Aragón desde la expansión de estos hasta el Ebro, donde Navarra había perdido la Rioja pero logrado las tierras de Estella, Olite y Tudela –Vizcaya desde el siglo XI y Álava y Guipúzcoa desde el XII bascularon en cambio hacia Castilla–, Navarra, nombre oficial, si se recuerda, desde 1162, y que había reaparecido como reino propio en 1134 tras sesenta años de integración en Aragón, no tuvo posibilidad de expansión hacia el sur (la participación de Sancho el Fuerte en Las Navas de Tolosa era, en este sentido, engañosa): bajo la casa de Champagne desde 1234 –resultado de enlaces dinásticos, piezas ya fundamentales de la diplomacia medieval–, y luego bajo la propia corona francesa y las casas de Evreux y Foix, Navarra (unos diez mil kilómetros cuadrados, unos cien mil habitantes a mediados del siglo XIII) giró hacia Francia como garantía de su propia supervivencia como reino, y no se reintegró a la órbita española hasta el siglo XV.

Portugal se labró su independencia frente a León y Castilla asegurándose la reconquista del Algarve: el anticastellanismo, sobre la doble exaltación de la figura de Alfonso I Enríquez y la independencia (1139) y de la victoria de Aljubarrota en 1385 sobre Castilla (que había invadido el país en nombre de los derechos dinásticos de su rey Juan I), fundamentó, junto con la interpretación en clave portuguesa de la Lusitania romana, la incipiente mitología nacional portuguesa.

El reino nazarí (castellanización de la dinastía Banu Nasr, o nasríes) de Granada (1237-1492), un reino próspero, por el desarrollo de su agricultura y el dinamismo comercial de ciudades como Málaga y Almería, fue un estado política y militarmente marginal. Cada vez más aislado del resto del islam, sin voluntad ni capacidad para intervenir en la política peninsular, el reino de Granada optó por una política de equilibrio entre Castilla y el Magreb, a través de una compleja sucesión de alianzas fugaces y cambiantes –a veces con Castilla, a veces con los benimerines magrebíes– que le permitió, pese a la inestabilidad causada por las pugnas dinásticas en su interior, garantizar su seguridad y estabilizar su frontera durante doscientos años, salvo por las operaciones militares en torno al Estrecho. Y dejar en la propia Granada un legado único: la Alhambra (en árabe *al-Hamra*, la Roja, la colina roja), que empezó a construir el fundador de la dinastía Muhammad I (1232-1273) y que no se completó hasta el siglo XIV; un conjunto fascinante, a la vez palacio real y alcazaba (fortaleza defensiva), sobre un monte en las estribaciones de Sierra Nevada, con murallas, torres, puertas, palacios, miradores, baños reales, jardines, patios, estanques, salones públicos y privados, con predominio de columnas, arcos peraltados de numerosos lóbulos, bóvedas de mocárabes, zócalos de cerámica vidriada y decoración de yeserías y epigráfica. La Alhambra, el monumento que más contribuyó a forjar el mito romántico decimonónico de España como país exótico, embrujado y oriental (y que no fue la única muestra del arte nazarí, que hizo también, por ejemplo, el bellísimo Generalife en la misma Granada, la alcazaba de Málaga y la mezquita de Ronda).

Con economías predominantemente rurales –cereales, viñedos–, basadas sobre todo desde el siglo XI en la gran propiedad señorial y/o eclesiástica trabajada por sistemas de arrendamientos, aparcerías y servidumbre; gran desarrollo de la ganadería lanar (primero, desde el siglo IX, en la Castilla primigenia; luego, desde el siglo XII, en Extremadura y La Mancha); con un peso económico y demográfico cada vez mayor de villas y ciudades –con Burgos, Barcelona y Sevilla como principales ciudades en el siglo XIII); con una comercialización creciente –gracias a las mejoras en el transporte por caminos, ríos y puertos– de productos agrícolas, tejidos (lana) y artesanías, los reinos cristianos españoles de los siglos XIII-XV eran, sencillamente, una variable de la cristiandad europea occidental. La fuerte presencia social de la religión se plasmó en los siglos XIII a XV en la construcción de las imponentes catedrales (un hecho urbano, no rural como las abadías y los monasterios) de estilo gótico (León, Burgos, Toledo...). Las primeras universidades (Palencia, Salamanca...) aparecieron en los siglos XIII y XIV.

Cristalizadas desde los siglos X y XI las lenguas romances –concretamente, los primeros testimonios escritos del castellano y del vasco se remontarían al siglo X, y los del catalán y del gallego-portugués al siglo XI–, aparecieron igualmente ya las primeras manifestaciones literarias: poemas épicos, cantares de gesta; el *Poema del mío Cid*, h. 1140; *Milagros de Nuestra Señora* (h. 1230) de Gonzalo de Berceo; *Libro de Alexandre*, *Libro de Apolonio*, *Poema de Fernán González*, a mediados del siglo XIII; las obras de Alfonso X en Castilla y Ramón Lull en Cataluña, también del XIII; el *Libro del Buen Amor*, h. 1330, del Arcipreste de Hita; *El Conde Lucanor*, 1335, de don Juan Manuel.

LA UNIÓN DINÁSTICA PENINSULAR: LOS REYES CATÓLICOS

Dos hechos mencionados más arriba –el acceso de Enrique II de Trastámara al trono de Castilla en 1369 (un golpe dinástico, una guerra civil, la muerte del rey legítimo) y la expansión mediterránea de la corona de Aragón– tendrían a corto y medio plazo trascendencia histórica extraordinaria. En efecto, el cambio dinástico en Castilla a favor de los Trastámara y la aparición de Aragón (siglos XII a XV) como primera potencia mediterránea occidental, fueron las verdaderas claves de la formación de España como nación: lo demás es retórica. La política de los Trastámara –intereses dinásticos, enlaces matrimoniales– llevó a la unión peninsular, la unión de Castilla y Aragón en 1479, como consecuencia del matrimonio en 1469 de Isabel I de Castilla y Fernando II de Aragón: los Reyes Católicos. Los intereses catalano-aragoneses en el Mediterráneo hicieron que España figurara por primera vez "gloriosamente en el mundo" (como escribió en *Bosquejo histórico de la Casa de Austria*, 1869, el historiador y político Cánovas del Castillo).

El camino hacia la unión de 1479 fue extraordinariamente complejo. Todos los reinos peninsulares –Castilla, Navarra, Aragón, y dentro de este Cataluña– se vieron sacudidos a lo largo del siglo XV por procesos de crisis dinásticas, guerras civiles, tensiones entre la monarquía y la nobleza, luchas nobiliarias, revueltas sociales, conflictos territoriales y fronterizos, injerencias e intervenciones políticas y militares en los reinos vecinos, guerras de expansión territorial. El orden peninsular quedó literalmente roto hasta los Reyes Católicos. Castilla mismo vivió una situación de permanente crisis política desde el reinado de Juan II (1406-1454): Isabel la Católica solo consolidó su poder tras vencer en la guerra civil que se desencadenó en 1474 por la sucesión de su hermano Enrique IV.

En Navarra, disputas similares –enfrentamientos dinásticos y sucesorios– llevaron también a la guerra civil en los años 1450-1460, entre el rey Juan II de Aragón y Navarra, y su hijo el príncipe de Viana (guerra que se solapó con luchas anteriores ente bandos y facciones nobiliarias, y que implicó paralelamente a Cataluña, Castilla y Francia, en razón de los distintos y complicados derechos dinásticos y matrimoniales de todas las partes: Navarra revirtió entre 1479 y 1512 a la casa de Foix y Albret). La situación fue especialmente grave en Cataluña, una de las peores de su historia: crisis económica desde 1445-1455, revolución social (rebelión contra los señores de los campesinos remensas, los campesinos adscritos forzosamente, por herencia, a tierras ajenas), crisis urbana y comercial y, como en Castilla y Navarra, guerra civil (1462-1472), provocada en este caso por la oposición de los grandes barones, de la jerarquía eclesiástica y de parte de la oligarquía urbana al rey Juan II, apoyado a su vez por el campesinado, y los gremios y clases medias urbanas.

Las circunstancias, el turbulento y caótico contexto del siglo XV, dieron pues sentido –estabilizar un sistema, el peninsular, en crisis– a la acción política, planteamientos y ambiciones de los Trastámara, la dinastía castellana que dirigía Castilla desde 1369 y Aragón desde 1412, hacia alguna forma de unidad monárquica y territorial. Era una idea ya ambicionada en su día por Enrique II e implícita en las iniciativas y objetivos de Fernando I de Antequera, rey de Aragón entre 1412 y 1416, de su hijo Juan II, rey de Aragón y Navarra, como se acaba de indicar, y de su nieto, el futuro Fernando el Católico. En todo caso, la designación de Fernando I de Antequera, nieto de Enrique II, como rey de Aragón en 1412 por el compromiso de Caspe –un pacto político entre representantes de los territorios de Aragón, Valencia y Cataluña– al extinguirse con Martín I la anterior dinastía catalano-aragonesa, fue excepcionalmente importante. Aragón tuvo desde entonces reyes castellanos: Fernando I, sus hijos Alfonso el Magnánimo y Juan II, nacidos en Medina del Campo, y el propio Fernando el Católico, nacido en Aragón pero hijo de Juan II y de Juana Enríquez, hija del almirante de Castilla y natural de Medina de Rioseco.

Los Trastámara aragoneses no renunciaron a Castilla. Los infantes de Aragón, esto es, los hijos de Fernando de Antequera, Enrique y Juan (el futuro Juan II de Aragón y Navarra), pugnaron fuertemente en los años 1420-1450 por la corona de Castilla, donde, como magnates castellanos, seguían reteniendo importantísimos intereses. Ambicionaron además Navarra. Por su matrimonio con Blanca de Navarra, Juan II de Aragón (1458-1479) fue también consorte de Navarra entre

1425 y 1479, una Navarra que se había ido alejando de Francia y basculando hacia Castilla y Aragón desde el siglo XV (precisamente para recuperar el reino navarro, Fernando el Católico se casaría en segundas nupcias, en 1505, tras la muerte de Isabel la Católica, con Germana de Foix, miembro de la casa que reinaba en el reino navarro desde 1479).

Los Trastámara apuntaban, además, a Portugal y Granada. El segundo Trastámara castellano, Juan I (rey entre 1379 y 1390), invadió Portugal en dos ocasiones, ambas sin éxito, en defensa de los que consideraba sus derechos de sucesión derivados de su matrimonio en 1383 con la heredera del trono. Pese a los múltiples contenciosos entre ambos reinos, no resueltos hasta los acuerdos de 1479 1480, los reyes castellanos mantuvieron siempre abierta la posibilidad de unión con Portugal vía enlaces matrimoniales y derechos de sucesión. Los mismos Reyes Católicos casarían a la mayor de sus hijas, Isabel, con Alfonso V, rey portugués. Con respecto a Granada, finalmente, fue también Fernando de Antequera quien, en los años en que fue regente de Castilla (1404-1412), relanzó la guerra –de ahí le vendría su sobrenombre–, que continuarían sus sucesores hasta mediados del XV, y retomarían los Reyes Católicos ya en 1481.

La unión dinástica de 1479 no fue, con todo, un hecho circunstancial o fortuito (al margen del papel que en ella tuvieran los intereses particulares de los Trastámara y especialmente de su rama aragonesa). La religión había sido esencial para la configuración política y social de Castilla-León, Navarra, Portugal y Aragón. La iglesia peninsular mantuvo a lo largo de la Edad Media la memoria de la organización unitaria de que se dotó desde su nacimiento en las épocas romana y visigótica (los concilios de Toledo) y proyectó la visión de la Península como una unidad, parte sustancial de la cristiandad, que era necesario reconquistar frente al "infiel". La religión contribuyó de una parte a reforzar el carácter "divinal" –expresión del siglo XV– de la expansión territorial de los reinos cristianos hacia el sur, detenida, como sabemos, desde mediados del siglo XIII pero relanzada desde principios del XV; y, de otra, a hacer de la fe cristiana el elemento común y definidor de la "esencia" última de la Península (con exclusión, por ello, de judíos y musulmanes).

Aunque vago y abstracto, concepto de España –como ya se dijo– lo hubo en la Edad Media. Se articuló a partir del siglo XIII –también quedó dicho– en obras como la *Estoria de España* mandada componer por Alfonso X, el *Chronicon Mundi* del obispo Lucas de Tuy y la *Historia Gothica* del arzobispo toledano Rodrigo Jiménez de Rada. La idea de una entidad histórica o nación "española" (originada bajo la monarquía visigoda: la tesis "goticista" ya aludida) estaba en las obras de muchos autores castellanos del XV: en la *Compendiosa historia hispánica*, 1470, de Rodrigo Sancho de Arévalo, en la *Crónica abreviada*, 1482, de Diego de Valera, en los historiadores oficiales de los Reyes Católicos (Andrés Bernáldez, Alonso de Santa Cruz, Fernando del Pulgar), incluso en autores no castellanos como el cardenal gerundense Joan Margarit, autor de *Paralipomenon Hispaniae* y el cronista Pere Tomic, el autor de *Histories e conquestes dels Reys de Arago e Comtes de Barcelona* (1495).

La unión, por último, parecía convenir a los intereses comerciales, ganaderos y marítimos de Castilla, y a las necesidades de defensa y seguridad de Aragón, probablemente incapaz por sí solo –tal como entendió su rey Juan II– de mantener sus posesiones en Italia (Sicilia, Cerdeña) ante la creciente amenaza de Francia. La hegemonía castellana resultó inevitable, por el simple peso demográfico del reino. A fines del siglo XV, Castilla tenía unos 4,5 millones de habitantes, la corona de Aragón, 850.000, Navarra, 120.000. La unión de 1479 fue, sin duda, una unión puramente dinástica, no una unión nacional. El régimen de los Reyes Católicos respetó las instituciones y organismos propios y distintos de las coronas que lo integraron (Castilla, Aragón y desde 1512, Navarra), y las formas institucionales y administrativas que, a su vez, regían con mayor o menor efectividad en los múltiples territorios y regiones de Castilla y Aragón. Los reyes no adoptaron el título de reyes de España. Se titulaban "rey e reyna de Castilla, de León, de Aragón, de Sicilia, de Toledo, de Valencia, de Galicia, de Mallorca, de Sevilla, de Cerdeña, de Córdoba, de Córcega, de Murcia, de Jaén, de los Algarves, de Algecira e de Gibraltar e de Guipúzcoa, conde e condesa de Barcelona, e señores de Vizcaya e de Molina", etc. Isabel la Católica no intervino en cuestiones internas de la corona de Aragón. Canarias, las Indias (América) y el norte de África quedaron reservadas a Castilla; los Pirineos, Italia y el Mediterráneo, a Aragón.

La unión de las dos coronas fue, además, constitucionalmente frágil. Aragón y Castilla volvieron a separarse brevemente a la muerte de Isabel en 1504, cuando la corona de Castilla pasó a la hija de los Reyes Católicos, Juana, y a su esposo Felipe el Hermoso, y Fernando el Católico –que era ya solo rey de Aragón– fue alejado de dicho reino por el entorno de los nuevos reyes. La muerte de Felipe y la locura de Juana permitieron a Fernando el Católico retomar, con el apoyo del cardenal Cisneros, la gobernación de Castilla entre 1507 y 1516. Muerto Fernando en enero de 1516, Aragón y Castilla volvieron a quedar brevemente bajo regencias separadas, hasta que Carlos V llegó a España en septiembre de 1517 como titular de ambas coronas.

Pero la unión de Castilla y Aragón fue también mucho más que una reversible y vulnerable unión personal: iba al menos a cristalizar en numerosas instituciones y proyectos comunes. La guerra de Granada (1471-1492), la conquista de enclaves y posiciones en el norte de África (1497-1511), el primer viaje de Colón y la posible evangelización de las islas y tierras que descubriese –que nadie pudo anticipar que llevaría a la conquista de un imperio en América–, fueron pensadas como empresas de la corona unificada y asumidas conjuntamente por Isabel y Fernando. En las mismas guerras de Italia (1494-1504), las guerras que iban a hacer de la monarquía española una potencia europea y que en principio respondieron a los intereses políticos y económicos de la corona de Aragón, parte importante del cuerpo expedicionario español, mandado por Gonzalo Fernández de Córdoba y dotado ya del tipo de organización militar que luego, desde 1534, se conocería como "tercios", fueron tropas castellanas.

La conquista de Granada, último jalón de la reconquista, una guerra larga, muy costosa, con momentos de gran dureza, pudo responder a distintas causas; pero sin duda la animó la voluntad de los Reyes Católicos de reforzar, mediante la exaltación de la fe, la unidad de la nueva monarquía, a hacer de la fe cristiana el fundamento espiritual (político) de la unidad territorial de los reinos: la guerra fue planteada y entendida como una guerra de religión. Las mismas razones inspiraron la política respecto a las minorías no cristianas: expulsión de los judíos (100.000-150.000), decretada en marzo de 1492 en el clima de exaltación religiosa creado por la toma de Granada; conversión –pacífica, primero; enseguida forzada– de los musulmanes granadinos, política que luego se extendería a los musulmanes de Castilla (1502), Navarra (1516) y Aragón (1526). La Inquisición nació (1478), por solicitud de los Reyes Católicos al papa, para tratar el problema de los conversos y perseguir el judaísmo. Perseguiría pronto otros "delitos": luteranismo, moriscos, proposiciones heréticas, brujería, delitos sexuales... y aunque el papa fue nominalmente su autoridad suprema, la Inquisición –cuyo inquisidor general y consejo supremo serían nombrados por los Reyes Católicos y sus sucesores– sería casi de inmediato un instrumento de control político de la monarquía, con jurisdicción, además, sobre ambas coronas –así, se implantó en Aragón en 1483–, por encima de los distintos ordenamientos de estas.

Los Reyes Católicos iban a crear, así, un tipo de estado nuevo, el embrión de la monarquía absoluta: como se acaba de decir, impulsaron proyectos en común, quisieron cimentar la unión dinástica sobre la unidad y exaltación de la fe cristiana, e implantaron una jurisdicción religioso-política, la Inquisición, también común. La unión dinástica conllevó la reorganización financiera y política del reino, y la afirmación inequívoca del poder real como clave del estado y como fuente única de soberanía.

La reorganización del reino fue amplia y profunda: creación de la Santa Hermandad (1476-1498) como policía rural, tributaria y judicial; saneamiento de la hacienda (reformas de 1480 y 1495, que aumentaron los ingresos de la hacienda real y redujeron las rentas y exacciones de la nobleza); reforma del consejo real (1480) como órgano supremo de la gobernación de Castilla y de la afirmación de la autoridad de los reyes; reorganización de la administración de justicia, con el reforzamiento de la real chancillería de Valladolid y la creación en 1505 de la chancillería de Granada, como tribunales supremos de justicia; control de villas y ciudades a través de delegados del poder real (corregidores y alcaldes), "despolitización" de la Generalitat catalana y del ayuntamiento de Barcelona mediante la implantación del sistema de "insaculación" o sorteo de cargos; establecimiento del consejo de Aragón (1494), como órgano asesor de los reyes para las cuestiones de esa corona, y nombramiento de lugartenientes o virreyes como representantes suyos en aquellos territorios; control directo de las órdenes militares por la corona (hasta su absorción por esta en 1526). Dicho de otro modo, los Reyes Católicos asumieron la acción de gobierno de sus reinos casi por entero, y la ejercieron directamente con sus colaboradores más cercanos (los cardenales Mendoza y Talavera y luego Cisneros) y los secretarios reales (Hernández de Zafra, López Conchillos), apoyados en una burocracia crecientemente profesionalizada ("letrados").

La eficacia del nuevo estado peninsular –que permitió a los Reyes Católicos liquidar prácticamente el estado de crisis en que los reinos peninsulares vivían desde hacía décadas, restableciendo el orden y la estabilidad interiores– iba a quedar pronto de manifiesto en el ámbito internacional. Con los Reyes Católicos, y concretamente por el genio político de Fernando el Católico, la monarquía española iba a constituirse en un verdadero poder europeo. Como consecuencia de las guerras de Italia con Francia –que comenzaron cuando en 1494 Francia invadió Italia en defensa de sus supuestos derechos al trono de Nápoles, lo que suponía un desafío frontal a los intereses de la corona de Aragón en aquella región–, Fernando ganó Nápoles (1505) e indirectamente Navarra (1512), y antes (1493) el Rosellón y la Cerdaña, cedidos por Francia con el propósito –fallido– de asegurarse la neutralidad aragonesa en Francia. Entre 1497 y 1511, la monarquía española había conquistado en el norte de África –como una prolongación del ideal de "cruzada" que había inspirado la conquista de Granada– Melilla, Mers-al-Kebir, el Peñón de La Gomera, Orán, Bujía, Trípoli y Argel.

Las guerras de Italia fueron particularmente importantes. Con las victorias de Ceriñola y Garellano (1504), las tropas españolas emergieron como uno de los principales ejércitos europeos. El dominio de Italia obligaba a una política de acción permanente en todo el Mediterráneo –de contención de Francia (y no solo en Italia sino además en los Pirineos: por eso, la conquista de Navarra en 1512) pero también de contención de los turcos– y creaba la necesidad de establecer un sistema de alianzas internacionales que reforzase la defensa y la seguridad españolas. Fernando el Católico lo concretó en la aproximación a Portugal, Inglaterra y Borgoña.

MAPA 7. La España de los Reyes Católicos.

De ahí los matrimonios de su hija la infanta Isabel con el rey de Portugal, Manuel (1495), y el doble enlace en 1496 de sus hijos Juana y Juan con los príncipes Felipe y Margarita, hijos del emperador y duque de Borgoña, Maximiliano I, cuyos dominios incluían las posesiones históricas de los Habsburgo en Austria, Hungría y Bohemia, más los Países Bajos, Luxemburgo, el Artois y el Franco Condado; de ahí también, el enlace de otra hija de los Reyes Católicos, Catalina, con Enrique VIII de Inglaterra (1509). Las consecuencias, imprevisibles sin duda para Fernando el Católico, iban a ser extraordinarias: nada menos que la aparición, a partir de 1519, de la España imperial.

Américo Castro vio la monarquía de los Reyes Católicos como "una monarquía religiosa e inquisitorial". La cultura literaria del reinado mostraba, sin embargo, una gran diversidad: romances (históricos, fronterizos, legendarios, caballerescos, novelescos...), la poesía de Jorge Manrique, cancioneros poéticos, novela sentimental (*Cárcel de amor*, 1492, de Diego de San Pedro), libros de caballería (*Tirant lo Blanc*, 1490, en catalán, del valenciano Joanot Martorell; *Amadís de Gaula*, escrito y conocido desde 1492 y recopilado e impreso por García Rodríguez de Montalvo en 1508), teatro (Juan del Encina: dramas litúrgicos, diálogos pastoriles, escenas cómicas...) y *La Celestina* (1499) de Fernando de Rojas. *Cárcel de amor* y el *Amadís* tuvieron ciertamente éxito excepcional. *La Celestina*, un libro extraordinario, tuvo 34 ediciones a lo largo del siglo XV y primer tercio del XVI, pese a ser obra de un converso y siempre sospechosa para la Inquisición.

III

LA ESPAÑA IMPERIAL

*L*a proclamación en 1516 como rey de Castilla y Aragón de Carlos V (1500-1558), hijo de Felipe el Hermoso y Juana la Loca, nieto por un lado de Maximiliano I de Austria y por otro de los Reyes Católicos, cambió para siempre la historia española.

Carlos, nacido en Gante, era desde 1507 duque de Borgoña; en 1519 sería proclamado emperador y titular del sacro imperio romano. A la herencia de los Reyes Católicos, Carlos V incorporó por la herencia borgoñona Flandes, Artois, Brabante, Luxemburgo y el Franco Condado; por la condición imperial, Alemania; por la herencia habsburgo, Austria, Tirol, Estiria y otros territorios próximos. Con la conquista de América, completada entre 1519 y 1535, y luego, ya bajo Felipe II, con las incorporaciones de Filipinas (1564-72) y de Portugal y sus posesiones (1580), la monarquía hispánica se constituyó como el primer imperio verdaderamente universal en la historia. Para bien o para mal, España iba a ejercer desde entonces y hasta la segunda mitad del siglo XVII la hegemonía militar y política de Europa.

España, que con los Reyes Católicos se había asomado al mundo –y que incluía Castilla, Aragón, Navarra, Sicilia, Cerdeña y Nápoles, algunas islas en el océano y enclaves en el norte de África–, se integraría ahora, en palabras de Domínguez Ortiz, en una formidable "constelación" de naciones.

CARLOS V Y LA ESPAÑA IMPERIAL

Paradójicamente, el nacimiento del imperio español fue casi un accidente: sin la locura de doña Juana y las muertes de Felipe el Hermoso y del príncipe Juan (el hijo de Fernando el Católico y de su segunda esposa, Germana de Foix), Carlos V, Carlos I de España, no habría heredado la corona de Castilla y Aragón. Pero lo hizo, y logró además la elección imperial (28 de junio de 1519) merced a la corrupción y los sobornos: usó cantidades enormes de dinero, prestadas por el banquero de Augsburgo Jacobo Fugger, para pagar a los príncipes alemanes que debían designar al nuevo emperador.

En 1519, no había idea imperial española. La designación por el nuevo rey de consejeros flamencos para altos cargos y la misma elección imperial, que hacía presumir el absentismo del rey y un considerable aumento de los gastos de la corona, fueron mal recibidos, especialmente en Castilla. La rebelión de los comuneros, que se extendió por varias ciudades castellanas (Toledo, Salamanca, Segovia, Valladolid, Tordesillas, Ávila...) entre mayo de 1520 y abril de 1521 –hasta la derrota de los comuneros en Villalar–, tuvo mucho de reacción castellana (en términos sociales: hidalgos, mercaderes, letrados, clérigos, artesanos) en defensa del tipo de monarquía creada por los Reyes Católicos y Cisneros: monarquía fuerte apoyada en las ciudades a través de la representación en cortes, reserva de cargos públicos para los castellanos, rechazo del gobierno por extranjeros y de la política imperial.

Con todo, España, y principalmente Castilla y las elites peninsulares –alta nobleza, patriciado urbano, letrados, funcionarios, eclesiásticos–, pronto incorporadas a la gobernación de los distintos reinos y territorios imperiales, asumieron durante casi doscientos años el peso principal de la política imperial, una empresa excepcional (dominación española, defensa de la Europa católica y evangelización de América), que no fue, sin embargo –conviene advertir ya–, ni el despliegue de una visión idealista, moral y religiosa, la manifestación de un destino, ni un proyecto unívoco y siempre idéntico. Dentro de su rela tiva continuidad, la política imperial no tuvo evolución lineal; sus objetivos y prioridades cambiaron con el tiem po, y conoció por ello fases y escenarios muy diferentes.

Carlos V fue ante todo un borgoñón: su lengua materna fue el francés y solía referirse a Borgoña como su patria. Aunque con el tiempo se hispanizó, actuó ante todo por la voluntad de conservar y extender la supremacía de su dinastía, los Habsburgo. Su "idea imperial", esbozada por su primer canciller, el piamontés Gattinara, y por él mismo en alguno de sus más resonantes discursos –la idea de una cristiandad unida bajo una monarquía universal por él encabezada– tuvo mucho (no todo) de cobertura propagandística de lo que no eran –hay que insistir– sino ambiciones dinásticas (la doble herencia borgoñona y habsburgo) y territoriales (Italia).

Carlos V pudo querer dar prioridad, en principio, a esa unión política y espiritual de la cristiandad y a la contención del avance de los turcos en el Mediterráneo y en el Danubio (Hungría, los Balcanes), a lo que respondieron, por ejemplo, la ocupación de Túnez en 1535 y la operación sobre Argel de 1541. Su política derivó de inmediato, sin embargo, en nuevas guerras en Italia contra Francia, la Francia de Francisco I –guerras que prolongaban por tanto las libradas previamente por Fernando el Católico–, y en un conflicto de soberanía en Alemania entre el poder imperial y el poder de los principados y estados alemanes.

El conflicto alemán se ideologizó. Muchos estados alemanes habían abrazado la reforma luterana (1517-1520) y hecho de ella una verdadera religión "nacional". En cierta medida, pues, el conflicto desembocó en una confrontación espiritual, además de política, entre el poder imperial y la herejía protestante. Significativamente, Carlos V vio a los protestantes alemanes más como rebeldes a la autoridad imperial que como herejes, no quiso condenas teológicas contra ellos y, ante su desafío, vaciló siempre entre la política de guerra y la de conciliación, incluso después de que en 1541 los principales estados y ciudades protestantes formasen la liga de Esmalcalda, una organización militar para defender el protestantismo: el emperador solo optó por la guerra a partir de 1544-1545.

Las guerras con Francia (entre 1521 y 1559) respondieron a razones exclusivamente dinásticas y territoriales. El objetivo esencial de las guerras de Italia (de 1521 a 1538) fue la posesión de Milán, aunque su razón última fuera, probablemente, la necesidad de Francia de impedir su cercamiento por los territorios y dominios de Carlos V, que se extendían por los Países Bajos, la península Ibérica, Alemania e Italia. La diplomacia y la política de alianzas de las partes enfrentadas no respondieron, en cualquier caso, a valoraciones religiosas o ideológicas. Carlos V buscó en todo momento la neutralidad de Portugal (de ahí su matrimonio, en 1526, con Isabel de Portugal) y la paz con Inglaterra, pese a tratarse de un país no católico y "herético" desde que en 1534 abrazara la reforma anglicana. Francia articuló complejas alianzas. En la guerra de 1526-1529, formó con el papa Clemente VII y Venecia la liga de Cognac. El emperador de la cristiandad tuvo, pues, que enfrentarse a una coalición de estados católicos encabezada por el propio papa (que, como sus aliados, creyó ver sus estados temporales amenazados por el imperio carolino): las tropas de Carlos V saquearon brutalmente la misma Roma, el 6 de mayo de 1527, un hecho que conmocionó al mundo cristiano, y que la propaganda imperial quiso justificar –consciente de lo que el saqueo suponía– en razón de la corrupción y vicios de la iglesia y en defensa de un nuevo cristianismo basado en la fe y en una iglesia despojada de sus bienes y poderes temporales.

En la guerra de 1542-1544, Francisco I –que atacó en Luxemburgo, Brabante, Rosellón y Navarra– buscó la alianza del propio imperio otomano (además de las de Dinamarca y Suecia). En 1552, Francia, ahora bajo Enrique II, apoyó financieramente a los protestantes alemanes a cambio de ocupar las importantes ciudades episcopales de Metz, Toul y Verdún. Apoyo decisivo: ante el reforzamiento de los protestantes, Carlos V –que les había vencido antes, en 1547, pero no decisivamente, en la batalla de Mühlberg– optó por negociar con ellos la paz y renunciar así a la unificación política y religiosa de

Alemania (paz de Augsburgo, de 25 de septiembre de 1555), renuncia que suponía el fin de la unidad de la cristiandad y el fracaso, por tanto, de la "idea imperial" del emperador. Ello determinó su sorprendente abdicación (1556) y su decisión de retirarse a Yuste, en el interior de España, donde moriría en septiembre de 1558.

Tras la rebelión de los comuneros y la revuelta de las germanías valencianas –una explosión de descontento social, en 1519, de los artesanos y menestrales urbanos contra la nobleza–, Carlos V no tuvo graves problemas en la Península. La estabilidad interna de la monarquía hispánica a lo largo de los siglos XVI y XVII fue incuestionablemente superior a la de Francia o Inglaterra, las otras dos grandes "naciones" modernas. Aunque no fijó capital ni creó una corte estable –pasó veintiocho años en Borgoña y dieciocho en España, en siete periodos distintos–, Carlos V reemplazó el sistema de los Reyes Católicos por un régimen nuevo basado en el rey, los secretarios reales, los Consejos (creó el consejo de Estado en 1521 y el consejo de Guerra en 1522, que se añadieron a los cuatro preexistentes: Inquisición, Cruzada, Castilla, Aragón) y virreyes, gobernadores y capitanes generales como clave del poder territorial. Carlos V engrandeció y solemnizó los instrumentos de representación oficial (presencia del águila imperial en edificios y lugares públicos) e introdujo el complicado ceremonial borgoñón de corte, como forma de magnificar el poder monárquico: España avanzó decididamente hacia el estado absoluto.

ESPAÑA Y SUS INDIAS

Colón descubrió (12 de octubre de 1492) las Bahamas, Cuba y Santo Domingo (La Española) en su primer viaje hacia las Indias por el Atlántico; Guadalupe, Puerto Rico y Jamaica, en el segundo (1493); la costa venezolana en 1498, y las costas de América central, de Honduras a Panamá, en su cuarto y último viaje, en 1502-1504. En 1494, España y Portugal fijaron por el tratado de Tordesillas la línea de demarcación de sus respectivas posesiones en ultramar, de acuerdo con la resolución dictada por el papa Alejandro VI en 1493. Con La Española, y enseguida Cuba, como primeros enclaves estables en América, los españoles fueron descubriendo y conquistando entre 1500 y 1520 todas las Antillas y las costas del Caribe. Atravesando el istmo de Panamá, Balboa descubrió el Pacífico en 1513. Magallanes halló en 1520 el paso entre los dos océanos, Atlántico y Pacífico, por el extremo sur de América (expedición, mandada al final por Elcano, que de hecho completó la circunnavegación del mundo). Hernán Cortés (1485-1547) conquistó México entre 1519 y 1522, y Pizarro (*c.* 1475-1541), Perú entre 1533 y 1535, bases a su vez de posteriores conquistas por América central (Guatemala, El Salvador, Yucatán,...), por los territorios de lo que serían Ecuador (Quito), Colombia (Bogotá, Cartagena), Venezuela y el alto Perú (futura Bolivia) y por el sur, Chile. Expediciones procedentes desde España iniciaron hacia 1535-1540, tras crear primero Buenos Aires y Asunción, la penetración hacia el interior de la futura Argentina y Paraguay hasta las fronteras con Chile y Perú-Bolivia.

MAPA 1. El descubrimiento de América.

El imperio conquistado –por unos diez mil hombres y en un tiempo además muy corto, cuarenta años–, era gigantesco: unos dos millones de kilómetros cuadrados, unos cincuenta millones de población indígena. Su incorporación a la corona de Castilla hizo, efectivamente, de la monarquía hispánica –por repetir palabras anteriores– el primer imperio verdaderamente universal en la historia. El descubrimiento no fue casual: vino incentivado por la rivalidad comercial castellano-portuguesa, y posibilitado por la experiencia en instrumentos y técnicas de navegación adquirida a lo largo del siglo XV por navegantes portugueses, sevillanos, mallorquines, genoveses como el propio Colón, venecianos, vascos y cántabros.

Pero el descubrimiento y la conquista tuvieron inicialmente, sin embargo, mucho de azaroso y accidental. El proyecto de Colón era, sencillamente, hallar la ruta occidental por el Atlántico hacia Asia, para establecer allí factorías costeras para el comercio. Murió sin tener conciencia de haber descubierto un nuevo mundo, como en cambio percibió pronto Amerigo Vespucci, navegante florentino que al servicio de españoles y portugueses había explorado las costas de Venezuela y Brasil en los años 1499-1503 y en cuyo honor el cartógrafo alemán Waldseemüller designaría en 1507 aquellos territorios como América. Con todo, Europa tardó en general en comprender la trascendencia del descubrimiento. Ni los Reyes Católicos ni el propio Carlos V parecieron apreciar el valor real y simbólico que podrían tener los nuevos territorios: las Indias solo adquirieron importancia decisiva para la monarquía hispana a partir de la segunda mitad del siglo XVI, desde la década de 1560.

Los conquistadores –en general, segundones e hidalgos de la pequeña nobleza rural y de familias pobres, con fuerte presencia de extremeños y andaluces– actuaron movidos por deseos de riqueza, honor y fama. La conquista fue, en efecto, una épica de audacia, codicia y violencia. Conllevó, paralelamente, la destrucción de las poblaciones y de las culturas indígenas precolombinas, una catástrofe de proporciones dramáticas, denunciada ya en 1511 en La Española por Fray Antonio de Montesinos y por De Las Casas en su *Brevísima relación de la destrucción de las Indias* (1552), que obligó a teólogos y eclesiásticos a pensar sobre los muchos problemas morales que planteaba la conquista, y a la corona a introducir legislación protectora de los indios. Guerras, epidemias (viruela, sarampión, tifus, gripe...) y trabajos forzados –encomiendas, mita– provocaron la muerte de decenas de millones de indígenas. En 1550 podía haber en la América española unos cincuenta millones de indios; en 1820, solo nueve millones.

El colapso y destrucción del mundo indígena, un mundo muy diverso donde, junto a tribus seminómadas y atrasadas, había civilizaciones avanzadas (azteca, inca, maya) con grandes ciudades, una sorprendente arquitectura en piedra, religión, ritos, mundos míticos, cultura y arte de extraordinaria riqueza y complejidad, fueron paralelos, si no necesarios, a la construcción del nuevo orden colonial. Los españoles, unos trescientos mil entre 1500 y 1650, llevaron a América el español, la religión y la moral social cristianas –la evangelización de los indios, acometida desde 1523 por franciscanos, dominicos y agustinos y luego por los jesuitas, fue instrumento esencial de la conquista, y en buena medida su justificación–, la ganadería y la agricultura extensivas, la explotación sistemática de las minas, comercio –controlado por la casa de contratación de Sevilla–, moneda y sistemas financieros europeos, ciudades (San Juan de Puerto Rico; La Habana, 1515; Veracruz, Cartagena de Indias, 1533; Quito; Lima, 1535; Buenos Aires, 1536; Santiago de Chile, 1541; San Agustín en Florida, 1565,...), puertos, un nuevo urbanismo, una nueva arquitectura (conventos, ermitas, catedrales, fortalezas, hospicios, palacios, colegios, casas señoriales...), la imprenta, libros, teatro, universidades (México, 1551; Lima, 1553).

Empresa privada bajo control de la corona, la conquista creó un nuevo orden institucional, según el modelo de poder de la corona de Castilla y dependiente del consejo de Indias (1524): virreinatos (Nueva España, 1535; Perú, 1543), audiencias, gobernadores, alcaldes, corregidores, cabildos. Ello permitió, a su vez, la cristalización de un nuevo orden social, las nuevas, y muy diversas entre sí, sociedades virreinales de hacendados y latifundistas, obispos, frailes y monjas, comerciantes, oficiales y funcionarios reales, artesanos, indios (excluidos y menospreciados, pero no desaparecidos) y esclavos, con tres realidades sociales excepcionales derivadas del colapso de la población indígena y de la escasa inmigración española: el crecimiento de la población blanca americana de origen español (los criollos), la extensión del mestizaje y la importación abundante de esclavos negros de África, que comenzó ya en el siglo XVI. De los casi veintitrés millones de habitantes que podía tener la América española hacia 1820, esto es, cuando terminaba el dominio español, el 19 por 100 eran blancos, casi el 40 por 100 indios, el 27 por 100 mestizos y mulatos, y un 18 por 100 negros.

Desde la segunda mitad del XVI, con Felipe II, que además incorporó a la corona de España las Filipinas, junto con Portugal y sus posesiones, el imperio español fue, pues, un verdadero imperio atlántico, no solo europeo como hasta entonces.

Las Indias importaron por dos razones: por la dependencia de los envíos de plata americana (cuyos grandes centros de producción fueron Zacatecas en México y Potosí en Perú) –aunque fuesen más importantes las rentas de Castilla e Italia– y por el valor que la economía atlántica, con eje en Sevilla, tenía para algunos sectores de la economía española. Inglaterra y Francia creyeron que las minas y el comercio americanos eran el fundamento del poder español en Europa y en el mundo: los ataques e incursiones de corsarios ingleses y franceses, y luego holandeses, contra las posesiones españolas en América y contra los barcos que hacían la "carrera de Indias", el tráfico entre Sevilla y los puertos americanos, comenzaron entonces, en las últimas décadas del XVI.

Las Indias reforzaron, ciertamente, la hegemonía de la monarquía hispánica. Las nuevas sociedades creadas en América funcionarían, sin embargo, y por razones geográficas obvias, con gran autonomía, y pronto, ya en el siglo XVII, tendrían identidad propia y distinta, en razón también de su origen y de su singular estructura y composición racial y demográfica (base de un complejo sistema de estatus y poder social). El auge de los criollos –que desde 1600 superaron en número a los españoles y que aparecieron progresivamente en la administración, el poder judicial y municipal y al frente del comercio colonial– resultó el hecho sociopolítico determinante de la historia americana entre 1600 y 1750. El extraordinario desarrollo que en ese tiempo precisamente tuvo la arquitectura barroca en América –una arquitectura con numerosas variantes locales y de sorprendente originalidad y belleza–, fue la expresión del profundo cambio cultural que se había operado desde la conquista: la afirmación, si se quiere, de una cultura propia y distinta. El número de edificios, sobre todo religiosos, de traza audaz y desbordante fantasía creativa, construidos en los siglos XVII y XVIII fue extraordinario, muchos de ellos genuinas obras maestras: la iglesia parroquial de Santa Prisca en Tasco, el santuario de Ocotlán, San Francisco de Acatepec, el colegio de los jesuitas de Tepotzotlán, el sagrario de la catedral de México (y el retablo de los Reyes de esta), la catedral de Zacatecas, la capilla del Pocito en Guadalupe, todo ello en Nueva España, México; la iglesia de la Compañía en Quito, los conventos de San Francisco y San Agustín en Lima, muchas casas limeñas (y también, en Puebla, México), la catedral de Cajamarca, distintas iglesias en Potosí y La Paz (Bolivia), el barroco cuzqueño (la catedral, la iglesia de la Compañía), en el virreinato de Perú; la catedral de Antigua y el santuario de Esquipulas en Guatemala. En el XVII, aparecieron ya en México excelentes escritores: sor Juana Inés de la Cruz, Ruiz de Alarcón, Carlos Sigüenza y Góngora, o el historiador indio Fernando de Alba Ixtlilxóchitl.

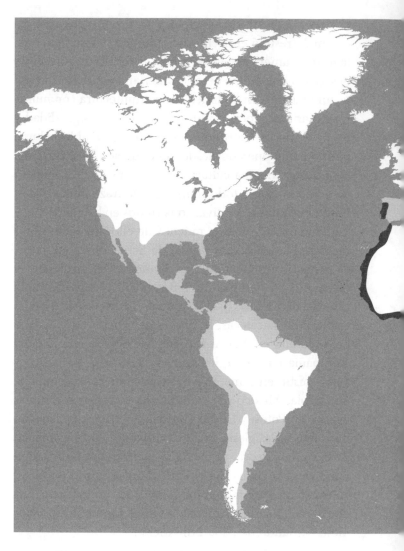

MAPA 2. El imperio español en la época de Felipe II.

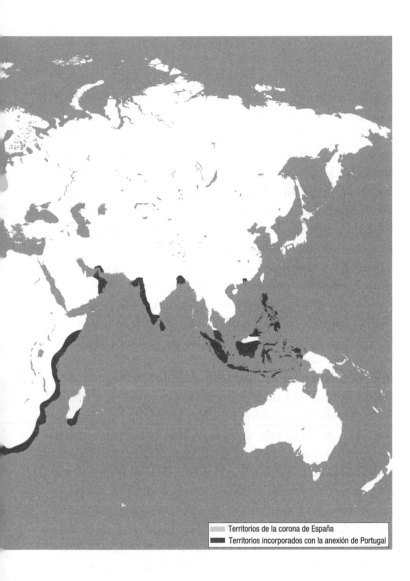

Territorios de la corona de España
Territorios incorporados con la anexión de Portugal

LA HEGEMONÍA ESPAÑOLA

Entre 1556 y 1598, los años del reinado de Felipe II, España se reafirmó, aunque perdiese la titularidad imperial y los territorios austriacos y alemanes que Carlos V cedió a su hermano Fernando I, como el mayor poder político y militar europeo y como un imperio universal, que abarcaba la península Ibérica, incluido Portugal, unida a España por Felipe II en 1580 por derechos sucesorios, los Países Bajos, el Franco Condado, gran parte de Italia (Milán, Cerdeña, Nápoles y Sicilia), las Indias y Filipinas, colonizadas desde 1565.

Nacido en Valladolid en 1527, con una excelente educación y temprano conocimiento del gobierno –regente de España durante las ausencias de Carlos V de la península, rey de Nápoles y duque de Milán en 1554 y duque de Borgoña en 1555–, buen conocedor de Italia, Países Bajos y Alemania por sus viajes, Felipe II fue ya, a diferencia de su padre, un príncipe y un rey español. Marcado en vida y ante la historia por algunos de los escándalos, reales o ficticios, sobre los que iría construyéndose la propaganda antiespañola –la prisión de su hijo don Carlos, la ejecución de los líderes de la revuelta de Flandes (Egmont, Hoorn), la destrucción de Amberes en 1576, la denuncia ante la Inquisición de su propio secretario Antonio Pérez–, Felipe II, religioso, sereno, taciturno, solitario, fue una personalidad contenida y distante, un hombre refinado y sensible a la pintura, a la arquitectura, a la música y a las ciencias, y un rey profundamente desconfiado, obsesivamente minucioso en el trabajo y profundamente imbuido del sentido de su autoridad, del deber y de sus responsabilidades.

A esto último respondió, por ejemplo, la exclusión del enfermizo y psicótico príncipe don Carlos, hijo de su primer matrimonio, de la sucesión al trono, una trágica historia que, contrariamente a lo que diría la leyenda antifelipista, le provocó un intenso sufrimiento. Sus mismos matrimonios fueron mera razón de estado, aunque el tercero de ellos resultara un acontecimiento feliz: casó, así, con María Manuela de Portugal en 1543 de cara a una posible unión con este país; con María Tudor en 1554 para garantizarse la neutralidad de Inglaterra; con Isabel de Valois en 1560 para cimentar la paz con Francia lograda el año anterior por el tratado de Cateau-Cambrésis; y con Ana de Austria en 1570 para reforzar la unión de los Habsburgo y dar un heredero al trono.

Felipe II reforzó el poder absoluto de la monarquía y, mediante el recurso a disposiciones y órdenes escritas, la propia maquinaria burocrática del gobierno y su funcionamiento. Con la creación de los consejos de Italia, Portugal y Flandes completó el sistema sobre el que se apoyaba la monarquía. Fijó la corte en Madrid –en el Alcázar Real, que redecoró y al que añadió el Campo del Moro y lo que luego sería la plaza de Oriente– y construyó El Escorial (1563-1584), obra de Juan Bautista de Toledo y Juan de Herrera, como mausoleo real y monasterio, pero también como símbolo del poder y grandeza de la monarquía. Defensa del catolicismo, conservación de los reinos, gestión eficaz del gobierno, castigo de la rebelión y aplicación estricta de la justicia real configuraron los principios y valores últimos sobre los que se apoyó su labor personal como titular de la corona. El hecho fue que, ante la formidable expansión del protestantismo en la década de 1550 (causa del fracaso final de Carlos V); ante la amenaza creciente de Turquía en el Mediterráneo, y tras el cambio doctrinal a favor de la contrarreforma católica que supuso el concilio de Trento (1545-1563), Felipe II puso la monarquía hispánica al servicio de la unidad y defensa del catolicismo, con una idea sin duda providencialista de sus responsabilidades (y las de sus reinos) ante Dios y ante la historia.

Felipe II, que en su reinado usó distintos equipos y hombres de gobierno, asumió la corona española justamente cuando se descubrían (1555) pequeños focos protestantes en Valladolid y Sevilla, erradicados de forma implacable por la Inquisición, que ordenó la ejecución de unas sesenta personas. En 1557, el propio arzobispo de Toledo, Bartolomé de Carranza, con el que Felipe II había viajado en su día a Inglaterra, fue acusado y procesado por erasmista; un proceso, que se prolongó durante diecisiete años, incomodísimo para el nuevo rey. La afirmación del principio de la autoridad del rey y la creciente castellanización de la monarquía hispánica fueron evidentes. En 1568, se produjo el levantamiento de los moriscos de Granada –la minoría musulmana nominalmente convertida al catolicismo– contra las medidas que les prohibían el uso de su lengua y sus formas de vida. La guerra contra ellos, conducida por don Juan de Austria y alentada por el temor a una posible complicidad de Turquía en la rebelión, duró dos años; unos cincuenta mil moriscos fueron deportados por la fuerza a otras regiones del reino. En 1591, estallaron las "alteraciones de Aragón", una importante crisis constitucional desencadenada por la decisión de Felipe II de nombrar un virrey no aragonés, y por el "caso" Antonio Pérez, el ex-secretario del rey, detenido en 1579 y huido a Aragón en 1590 por el asesinato de Escobedo, secretario de don Juan de Austria (hermanastro del rey, brillante militar y personalidad de gran prestigio), en realidad un grave conflicto de competencias entre el Justicia de Aragón y la Inquisición de Zaragoza –a la que Felipe II ordenó que juzgara a Pérez por herejía, lo que violaba la soberanía judicial aragonesa–, que derivó en graves alteraciones de orden público y que se zanjó con la intervención del ejército real y la ejecución del Justicia, Juan de Lanuza.

Sinceramente religioso e incluso intransigente en materia de religión, Felipe II no fue, sin embargo, un iluminado y ni siquiera un ultracatólico. Sus relaciones con los papas –derivadas de diferencias evidentes en torno a la política internacional– no fueron buenas (como no lo habían sido con Carlos V). Pablo IV, un papa napolitano y francófilo que literalmente odiaba a España, fue el principal inspirador en 1552 de la última guerra de Italia entre Francia y España (1552-1559), la guerra, uno de cuyos objetivos era la expulsión de los españoles de Nápoles, que ocupó los primeros años del nuevo reinado, y en la que Felipe II, invadiendo Francia desde Flandes, logró la para él estimadísima victoria de San Quintín (1557). Gregorio XIII (1572-1585) censuró con acritud la política de coexistencia con los turcos en el Mediterráneo que se siguió tras la victoria de Lepanto en 1571 y no apoyó en 1580 las aspiraciones al trono de Portugal del rey español. Sixto V (1585-1590) criticó la intervención española en las guerras de religión de Francia y exigió que España diera prioridad a la guerra contra la Inglaterra protestante; Felipe II resintió profundamente, a su vez, la política del papa en Francia y su negativa a contribuir financieramente, pese a sus exhortaciones, a la empresa de la Armada Invencible (1588) contra Inglaterra. Clemente VIII, contra los deseos de España, reconoció en 1595 como nuevo rey de Francia a Enrique IV, previamente cabeza de los hugonotes (protestantes) franceses y convertido al catolicismo solo en 1593.

La política de Felipe II fue en realidad una amalgama más o menos coherente de ideas religiosas, razones de estado y necesidades políticas y militares, donde la defensa del catolicismo coexistió con otros objetivos igualmente irrenunciables: la conservación de los reinos y territorios heredados y el mantenimiento del prestigio internacional, de la "reputación", de la monarquía española. El que terminaría por ser el mayor problema de Felipe II, y de reinados posteriores, Flandes, la rebelión a partir de 1567 de varias provincias de los Países Bajos contra el poder español, fue un problema político y económico más que un problema religioso. Lo que contó decisivamente desde la perspectiva española fue que la monarquía hispánica vio amenazadas en Flandes su reputación y su seguridad, y que temió la repercusión negativa que la pérdida de la región, de excepcional valor estratégico, pudiera tener de cara a la conservación del resto de los dominios.

Nunca hubo un ideal de misión universal de Castilla. España no se desangró, como diría la visión católica del país desde Menéndez Pelayo, ni en aras de ideales religiosos –lucha contra la herejía en Europa y contra "el turco", esto es, el islam, en el Mediterráneo, e ideal evangelizador en América– o, como dijera Vicens Vives, al servicio del "ideal hispánico" castellano. La política imperial española no fue un proyecto unívoco y siempre idéntico. Respondió en parte, sobre todo bajo Felipe II, como se ha visto, a motivaciones y consideraciones religiosas. Pero las razones últimas de la política imperial fueron –hay que repetir– siempre otras: las necesidades territoriales y militares derivadas de la defensa de la hegemonía de la casa de Austria como clave del equilibrio internacional.

Los escenarios, las estrategias, los objetivos, que enmarcaron y presidieron las políticas respectivas de Carlos V y Felipe II fueron distintos. Con Felipe II, Alemania e Italia, las dos grandes cuestiones para Carlos V, dejaron de ser problema. Alemania porque, separadas dignidad imperial y monarquía española, quedó bajo la responsabilidad de la rama austriaca de los Habsburgo; Italia, porque el tratado de Cateau-Cambrésis (3 de abril de 1559), que puso fin a la guerra franco-española de 1552 1559, estableció la supremacía española en la península italiana. Las consecuencias se vieron muy pronto. De Italia y Alemania, y aun del Mediterráneo, una vez estabilizado este tras Lepanto (1571), el interés español se desplazó a Flandes y al Atlántico. De la neutralidad con Portugal, obsesión de Carlos V, se pasó a su anexión. De la paz con Inglaterra –otra gran preocupación de Carlos V–, se derivó a la guerra contra ella.

La política exterior de Felipe II tuvo en realidad dos etapas. La primera de ellas, la de los años 1555-1579, se definió por paz con Francia, neutralidad respecto a Inglaterra y atención preferente en el Mediterráneo al problema turco, un problema no resuelto por Carlos V pese a sus operaciones sobre Túnez y Argel. La paz con Francia se logró, como se ha dicho más arriba, en 1559: Francia reconoció a España el dominio de Sicilia, Cerdeña, Nápoles y Milán, y de varias fortalezas en la costa de Toscana. La neutralidad de Inglaterra quedó garantizada mediante el matrimonio en 1554 de Felipe II y la reina María Tudor, María I (1553-1558), católica e hija de Catalina de Aragón y Enrique VIII (si bien el matrimonio fue un desastre, y el reinado de María I –restauración del catolicismo, durísima represión del protestantismo– una catástrofe: Inglaterra perdería Calais, su última posesión en Francia, tras implicarse al lado de España en la última fase de la guerra franco-española del 52-59). La estabilidad en el Mediterráneo, amenazada por el creciente poderío turco puesto de relieve sobre todo por la conquista de Chipre en 1571 y por los continuos ataques de piratas berberiscos desde las costas norteafricanas, obligó a una intervención a gran escala que se concretó en 1571 tras la unión de España, el papa y Venecia en una Santa Liga: las escuadras española y veneciana, unos trescientos navíos y cerca de ochenta mil hombres bajo el mando de don Juan de Austria, destruyeron en Lepanto el 7 de octubre de 1571 la flota turca, una victoria memorable y de gran efecto propagandístico –los turcos perdieron unos doscientos barcos y treinta mil hombres–, "la más memorable y alta ocasión que vieron los pasados siglos, ni esperan ver los venideros" según Cervantes, pero que terminó por ser una victoria no decisiva pues España, Venecia y el imperio otomano llegaron tras Lepanto a una especie de equilibrio o coexistencia armada en la región.

La segunda etapa, la de los años 1579-1598, en la que el interés estratégico español se desplazó decididamente al Atlántico y al mar del Norte, vio un verdadero despliegue imperialista de los españoles: guerra en Flandes, intervención militar en las guerras francesas de religión (1562-1598) en apoyo de la liga católica y contra los hugonotes (protestantes), incorporación o "agregación" de Portugal –que no fue una anexión de "terciopelo": requirió el envío de un fuerte cuerpo de ejército, que mandó el duque de Alba, contexto en que se desarrolla *El alcalde de Zalamea*, la obra de Calderón; hostilidad creciente y guerra abierta desde 1584 con Inglaterra –un reino reunificado, fortalecido y reafirmado en su identidad protestante anglicana desde 1558 por Isabel I–, resultado en última instancia de la creciente rivalidad naval y comercial entre ambos países en el Atlántico y de sus posiciones enfrentadas en el conflicto de Flandes.

LA GUERRA DE FLANDES

El gran problema de la monarquía que Felipe II no supo resolver fue Flandes, esto es, la rebelión a partir de 1566 de los Países Bajos, las prósperas provincias del antiguo ducado de Borgoña, con el tiempo –ya lo iremos viendo– la "ruina de España", la causa del agotamiento militar del país y de la pérdida de la hegemonía internacional que España había ejercido desde el reinado de Carlos V.

Provocado por el malestar de la nobleza local, provincias y ciudades (tanto católicas como protestantes) contra el creciente absolutismo del poder central y por la extensión del calvinismo entre las provincias del norte de la región, Flandes fue un problema de gran complejidad, una guerra "nacional" de las provincias calvinistas holandesas, no una mera rebelión contra la autoridad –que desde 1556 ejerció como regente Margarita de Parma, la hermana del rey– como pensaron Felipe II y sus asesores, ni un nuevo brote de la herejía protestante; una guerra en la que los españoles, en todo caso, vieron más un desafío al prestigio y reputación de su hegemonía que una guerra de religión.

España no acertó, en efecto, en Flandes. Las opciones fueron evidentes. España pudo haber seguido una política distinta a la política de guerra por la que optó inicialmente; por ejemplo, con medidas de conciliación y negociación. Las armas pudieron haberle sido favorables. Ciertamente, al producirse los primeros brotes de la sublevación antiespañola, España respondió con una durísima política de represión, que ejecutó el duque de Alba, nuevo gobernador de Flandes entre 1567 y 1573. Represión durísima, en efecto –más de mil personas ejecutadas en ese tiempo, entre ellas algunos de los líderes de la sublevación, como Egmont y Hoorn– pero que prácticamente acabó con la insurrección (pues Alba, un hombre leal, rudo y enérgico, fue un gran militar), limitada en 1573 a tan solo dos provincias del norte, Zelanda y Holanda. Esa pudo ser la ocasión para una visita de pacificación y perdón de Felipe II, posibilidad que el propio rey consideró seriamente, pero que, sin embargo, no se produjo.

Hechos como el saqueo de Amberes en noviembre de 1576 por tropas españolas amotinadas, en protesta por sus condiciones y paga (ocho mil casas quemadas, entre mil y siete mil muertos según las estimaciones) hicieron muy difícil la paz; pero en los años 1573-1585 la política española –dirigida sucesivamente por Luis Requeséns, don Juan de Austria y Alejandro Farnesio– combinó, con indudable éxito, demostraciones de fuerza y operaciones militares con gestos de atracción y conciliación. Para 1588, se habían recobrado los Países Bajos del sur y estaba al alcance la posibilidad de retomar las provincias de norte.

España cometió graves errores. Felipe II ordenó, primero, que las tropas de Flandes se incorporasen al ataque contra Inglaterra que venía preparándose desde 1583 y que se produjo finalmente en 1588 (porque la Inglaterra de Isabel I, país protestante con sus propias ambiciones hegemónicas, amenazaba las comunicaciones marítimas entre España y Flandes y los envíos de plata de las Indias a España, todo ello de inmenso valor estratégico para el esfuerzo militar español). Ordenó luego, por tres veces, que el ejército, al mando del general Farnesio, duque de Parma, interviniese en Francia en las guerras de religión. Errores gravísimos por múltiples motivos. El intento de invasión de Inglaterra en 1588, con el envío de la Armada Invencible –130 barcos, 22.000 hombres, 2.500 piezas de artillería– fue un fracaso; el repliegue de las tropas de Farnesio en Flandes permitió que, entre 1588 y 1598, la sublevación holandesa se consolidase y extendiese decisivamente. La derrota de la Armada, además, dañó sensiblemente el prestigio de España. Inglaterra respondió con una guerra de acciones piráticas contra los barcos españoles en el Atlántico, desplazó una pequeña fuerza expedicionaria en apoyo de la revuelta de Flandes, y en 1596 atacó con éxito Cádiz.

La derrota de la Armada puso fin al formidable despliegue imperial español iniciado en torno a 1580. Felipe II había logrado grandes triunfos: la plena dominación de las Indias y Filipinas, la supremacía en Italia, la anexión de Portugal, el control del Mediterráneo occidental y central. Murió en septiembre de 1598, con la hacienda en bancarrota (el precio del imperio) y en pleno naufragio de su política de guerra total en todos los frentes. En mayo, firmó la paz de Vervins con Francia, que con el apoyo de Inglaterra y de los Países Bajos calvinistas le había declarado la guerra tres años antes por el intervencionismo español en las guerras francesas de religión, y cedió la gobernación de los Países Bajos católicos a su hija Isabel Clara Eugenia y a su marido el archiduque Alberto. Los otros Países Bajos, las Provincias Unidas, las siete provincias calvinistas lideradas por Holanda, eran ya a todos los efectos un estado soberano, para unos desde 1579 (unión de Utrecht), para otros desde que en 1581 los estados generales de aquellas habían negado la soberanía española.

'PAX HISPÁNICA' Y REPUTACIÓN ESPAÑOLA

La situación española distaba mucho, con todo, de ser excepcional. La gravedad de los problemas era evidente, como a su modo pudo reflejar el desencanto que impregnaba el *Quijote* (1605) o la aparición de numerosos textos y folletos que proponían medidas y "arbitrios" para la "restauración" de España *(Memorial de la política necesaria y útil restauración a la república de España y estados de ella y desempeño universal de estos reinos,* de González de Cellórigo, de 1600;

Restauración política de España, de Sancho de Moncada, de 1619, y muchos otros). La situación interna del país, por ejemplo, era comparativamente estable. Francia era en 1600 un país moralmente roto por las guerras de religión entre católicos y protestantes (hugonotes) de 1559 a 1598, de los que el país no se recobraría hasta la década de 1620. La crisis inglesa fue aún más grave: cuestiones religiosas, el problema del poder del rey, problemas financieros, las dificultades en la integración y gobernación de Inglaterra, Irlanda y Escocia, ambiciones personales y errores políticos, llevaron a Inglaterra a la guerra civil en 1642 y, tras tres años de vacío de autoridad y guerra, a la revolución: juicio y ejecución pública del rey Carlos I (30 de enero de 1649), creación de un estado-libre *(Commonwealth)* o república bajo control del ejército parlamentario y el poder personal de Oliver Cromwell.

Los ejércitos españoles seguían siendo los primeros ejércitos del mundo. La monarquía española disponía de una fuerza de unos 300.000 hombres en 1635; Francia, de unos 150.000; Inglaterra, 30.000; Holanda, de 50.000 a 70.000. Suecia, que emergía ya como nueva potencia dominante en el Báltico, tenía un ejército de unos 45.000 hombres en 1635. Pese a que el desastre de la Armada Invencible supuso la destrucción de la tercera parte de la flota, en 1625 España se hallaba de nuevo en poder de 108 barcos de guerra, una considerable fuerza naval. Los reveses militares que la monarquía española sufrió en los últimos años del reinado de Felipe II (el citado desastre de la Armada en 1588, el saqueo de Cádiz en 1596) habían frenado y contenido el poderío militar español, de forma particularmente evidente en los Países Bajos. Pero en modo alguno había sido quebrado y mucho menos, destruido. La monarquía hispánica seguía siendo la gran potencia hegemónica.

En contraste con España (8,5 millones de habitantes en 1600), a principios del siglo XVII Inglaterra era aún una potencia modesta de apenas 4,5 millones de habitantes (incluida Gales) que en ultramar, frente a las formidables Indias españolas, solo disponía de un establecimiento estable, Jamestown, en Virginia, fundado además en 1607; la emigración puritana, fundamental para la creación de alguna de las futuras colonias norteamericanas, empezó tarde, en 1620, el año del *Mayflower*, y tuvo inicialmente escasa entidad (20.000 emigrantes hasta mediados del XVII; para entonces habrían emigrado a América unos 430.000 españoles). Francia (16 millones de habitantes en 1600) había quedado fuera de la "carrera" colonial. Las expediciones de Jacques Cartier a Canadá (1534-1542) no tuvieron continuidad: no hubo fundaciones estables en el territorio hasta la creación de Québec por Champlain en 1608.

España tuvo, pues, la oportunidad de reorientar su política exterior y hacer de la acción diplomática, y no de la política de guerra, el fundamento de la hegemonía, a la que su posición y sus dominios parecían todavía obligarle. De hecho, lo hizo. Con el nuevo rey, Felipe III (1598-1621), la monarquía española, gobernada por el *valido* del rey, el duque de Lerma, Francisco Gómez de Sandoval y Rojas (1553-1625), un miembro de la alta nobleza que había ocupado ya altos cargos de gobierno en la etapa de Felipe II, promovió, o aceptó, una serie de negociaciones y tratados que posibilitaron la creación de un clima de paz en Europa. Con Inglaterra se firmó el tratado de Londres (1604). Con los Países Bajos, se negoció en abril de 1609 la llamada tregua de los Doce Años (1609-1621). Con Francia, la Francia de María de Médicis, España firmó el tratado de Fontainebleau (1611) en el que se acordó el doble casamiento del rey francés Luis XIII con la princesa española Ana de Austria, y del futuro Felipe IV con Isabel de Borbón. Lerma no siguió una política de recogimiento. Al contrario, con hombres fuertes y enérgicos en puestos clave del imperio (el conde de Fuentes como gobernador de Milán, el duque de Osuna como virrey de Nápoles) y apoyado por un conjunto de embajadores de extraordinaria capacidad y valía –Íñigo de Cárdenas, Gondomar, Baltasar de Zúñiga, el conde de Oñate...–, Lerma desplegó una activísima presencia diplomática española en las grandes cortes europeas e hizo así de la monarquía española un actor principal en la compleja gestión del orden internacional europeo. La suya fue una política de conservación, no de paz a cualquier precio (España, por ejemplo, reforzó sus posiciones en la Valtelina, en los Alpes, paso estratégico en el "camino español" que unía Milán con Flandes; en 1613, atacó a Saboya para obligarle a devolver Monferrato a Mantua, otra pieza importante en la zona), desde la idea de que el poder diplomático propiciaría, con más eficacia y menos gastos del estado, la influencia, supremacía y autoridad de la monarquía española.

La *pax hispánica* –que Lerma quiso compensar con una medida popular: la expulsión de los moriscos (1609)– no fue, sin embargo, bien entendida. Por una lado, la experiencia imperial, la propaganda que la acompañó (misión universalista de la monarquía en defensa de la fe, lucha contra el turco, lucha contra las herejías protestante e inglesa), las victorias militares (Pavía, Mülhberg, Lepanto, San Quintín), la popularidad de algunas de las campañas militares –por ejemplo, la empresa de la Armada Invencible contra Inglaterra–, la reputación de los tercios, la adquisición de Portugal en 1580, la misma proyección universal de la monarquía con las Indias y Filipinas, generaron un intenso sentimiento de identidad propia, de orgullo y arrogancia colectivos. Por otro lado, la paz resultó en Flandes fallida: la tregua de doce años que España suscribió en 1609 supuso, en la realidad, el reconocimiento de la soberanía de la nación holandesa, un país próspero y dinámico (1,3 millones de habitantes en 1600) que irrumpía además como una importante potencia militar, naval y económica.

Lo cierto era que, como les sucedería a otros imperios (Roma, el imperio británico), la monarquía española no podía eludir sus numerosas responsabilidades como garante o árbitro del orden internacional. El cambio se inició con el cese de Lerma en 1618 y la llegada al poder de la facción Zúñiga-Guzmán, y se formalizó de forma irreversible con la muerte de Felipe III en 1621, la entronización de Felipe IV, un joven de solo dieciséis años, y la cesión del gobierno por este a Gaspar de Guzmán, conde-duque de Olivares (1587-1645). España iba a asumir de nuevo una política mundial.

Olivares –un hombre ambicioso, enérgico, autoritario, recto pero vano, y a su manera culto– llegó al poder con un verdadero proyecto político: el reforzamiento y renovación de la monarquía, desde la revalorización de

la figura del propio monarca como fundamento del resurgimiento de España, con la convicción, además, de
que ello exigía la reconquista de Holanda y la intervención decidida en la guerra de Europa (la clave de lo cual,
desde la óptica de los nuevos gobernantes españoles y
ante todo de Zúñiga, era la alianza de las dos ramas de
la casa de Austria). Olivares contemplaba así tres proyectos: la unificación progresiva del gobierno, creando,
como ya había intentado Lerma, un sistema de juntas
o comisiones de gobierno que agilizasen la exasperante
lentitud con que operaban los distintos consejos de la
monarquía; el reforzamiento de la unidad e integración
de los reinos peninsulares; la redistribución de los gastos militares, con aportación de los reinos no-castellanos,
como contemplaba su propuesta de una *unión de armas* de
1626, un proyecto para crear un ejército de 140.000 hombres, facilitado y financiado por todos los reinos, y no
solo por Castilla.

Olivares, insistiría su gran biógrafo el historiador John
H. Elliott, identificó correctamente los principales males
de la monarquía hispánica y propuso reformas pertinen-
tes, plausibles y oportunas, de las que partirían además
–aunque no lo dijeran– casi todos los proyectos reformistas posteriores. La estructura fragmentada de la monarquía
hispánica, por ejemplo, resultaba totalmente inadecuada a
las necesidades y exigencias –militares, financieras– de la
política y de las responsabilidades internacionales. La nueva política mundial, sin embargo, fue un colosal fracaso:
cuando cayó Olivares en 1643, España había dejado de ser
la potencia hegemónica en el mundo.

LA GUERRA DE LOS TREINTA AÑOS

España puso a prueba su nueva política internacional –alianza de las dos ramas de la casa de Austria, reputación y prestigio de la monarquía (y para ello, reconquista de los Países Bajos rebeldes)– en la guerra de los Treinta Años (1618-1648), el gran conflicto que, iniciado con la rebelión de la Bohemia protestante contra la política absolutista y católica de la monarquía austriaca del emperador Fernando I, derivó en una guerra total, una de las más extensas y devastadoras de la historia europea.

Al estallar la guerra, España envió tropas a Viena, ocupó el Palatinado renano y tomó Mainz, operaciones de gran valor estratégico para apoyar a Austria en la guerra de Bohemia y para asegurar el "camino español", de Milán a los Países Bajos. En 1621, España atacó a la república holandesa por tierra y mar.

Los éxitos iniciales –en 1625, por ejemplo, España recuperó Bahía, en Brasil, tomada antes por los holandeses, tomó Breda en Flandes, defendió Cádiz de un violento ataque inglés, y socorrió a Génova, su aliada, amenazada por tropas francesas– hicieron creer a los nuevos dirigentes españoles en la posibilidad real de victoria, y en la corrección y oportunidad de su visión internacional.

Las debilidades de la política militar española se hicieron evidentes, sin embargo, desde muy pronto. España tuvo básicamente dos problemas: el problema de la financiación y mantenimiento de sus ejércitos –unos 300.000 hombres en 1635, de ellos 60.000/80.000 en Flandes–, cuyo gasto solo para Flandes suponía unos 300.000 du-

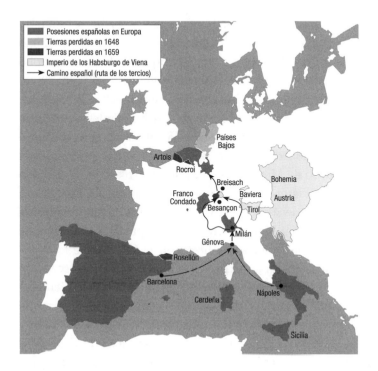

MAPA 3. La guerra de los Treinta Años: 1618-1648.

cados mensuales, una cifra inmensa (por eso, la decisión de Olivares en 1626 de promover la unión de armas); y el problema estratégico de mantener una guerra en dos frentes: en Flandes y a lo largo del "camino español". España se vería, muy pronto, en serias dificultades en los dos escenarios. Bajo el mando del nuevo príncipe de Orange, Federico Enrique, los holandeses contuvieron, ya desde 1625, los ataques españoles. En septiembre de 1628, la flota del almirante Piet Heyn capturó en aguas de Matanzas (Cuba) la flota española de Indias casi entera. Desde 1629 pasaron a la ofensiva en los propios Países Bajos, tomando Wesel, Hertsgenbosch, Brabante, Maastricht (ya en 1632) y la propia Breda, en 1637, y conquistando así un amplio territorio al norte del Flandes español. En el "camino español", España forzó en 1626 a Francia –absorbida en ese momento por el problema de los hugonotes– a reconocerle su derecho de paso por la Valtelina. Pero la guerra de sucesión de Mantua (1627-1631), al que pertenecía el territorio de Monferrato, al oeste de Milán, fronterizo con Saboya-Piamonte y Génova, librada entre ambos países en apoyo de sus respectivos candidatos, fue un gran revés para España: Mantua y Monferrato pasaron a la órbita de Francia, que además se hizo con la importante fortaleza de Pinerolo (Piñerol para los españoles), muy cerca de Turín en Piamonte, y llave del valle del Po y de Génova.

España nunca debió haber reanudado la guerra de Flandes contra los holandeses; tesis, por ejemplo, de Spínola, el gran general genovés al servicio de España, y causa de sus crecientes diferencias con el conde-duque de Olivares. Flandes solo podía ser abastecido o por mar –desde los puertos atlánticos y cantábricos y por el canal de la Mancha– o, efectivamente, por el "camino español" desde Milán, con Génova como puerto base, dos escenarios de extraordinaria vulnerabilidad, por razones distintas, para los ejércitos españoles, y de casi imposible mantenimiento en caso de entrada de Francia en guerra, el peor supuesto estratégico para España.

Eso fue exactamente lo que terminaría por ocurrir. La guerra de los Treinta Años adquirió enseguida dimensiones impensadas: guerras de Bohemia y el Palatinado, favorables al emperador austriaco y sus aliados; intervención de Dinamarca en 1624 a favor de los príncipes alemanes protestantes; guerra en el centro y norte de Alemania; derrota de los daneses en 1629; entrada de Suecia en la guerra (con grandes victorias que hacia 1631 parecieron decidir la contienda); reorganización y recuperación de las fuerzas imperiales... A los efectos de España, lo importante fue, como se ha indicado, la posición de Francia. Precisamente, la victoria de los españoles sobre los suecos en 1633 que les permitió tomar Brisach, sobre el Rin y, sobre todo, la gran victoria de las tropas imperiales y españolas mandadas por Matthias Gallas y el cardenal-infante Fernando de Austria (hermano de Felipe IV y nuevo gobernador de Flandes) sobre un gran ejército germano-sueco en Nördlingen, Baviera, el 6 de septiembre de 1634, decidieron a Francia, una Francia rehecha y fortalecida bajo el gobierno del cardenal Richelieu, a entrar en la guerra: Nördlingen proporcionaba a los españoles un punto neurálgico de Alemania, y una plataforma muy ventajosa para amenazar Holanda desde el este y el norte.

Aunque los países siguieron combatiendo en muchos otros frentes, la guerra derivó en una guerra franco-española por la hegemonía en Europa: el resultado fue el declinar de España y la emergencia de Francia como nueva potencia dominante, exactamente lo contrario de lo que se había proyectado al liquidar la *pax hispánica* en 1618. La guerra fue agotadora. Francia, con unos ejércitos que sumaban un total de 120.000 hombres, atacó las posiciones españolas en Milán, la Valtelina y Piamonte y las propias fronteras españolas por Guipúzcoa y Cataluña, penetró por Alsacia, el Rin y el Palatinado para cortar el "camino español", y avanzó sobre Holanda desde el Artois y las

Ardenas. Aunque la situación bélica no evolucionó de forma irreversiblemente desfavorable para la monarquía española hasta 1638-1639, y aunque los comienzos de la confrontación fueron inciertos (las acciones francesas en Italia y Alsacia fracasaron; una contraofensiva española que penetró en Francia desde Bélgica por Picardía en agosto de 1636 amenazó literalmente París; la ofensiva francesa contra territorio español por Guipúzcoa fracasó en 1638, con la liberación de Fuenterrabía el 7 de septiembre), la intervención francesa fue determinante.

El 9 de agosto de 1640, Francia tomó la importante plaza de Arras, en el Artois, al sur de Holanda, frente a las tropas de Flandes del cardenal-infante, primero de los graves descalabros militares que las tropas españolas sufrirían en las Ardenas, el Artois y Alsacia (Rocroi, 1643; Lens, 1648). En octubre de 1639, la flota holandesa del almirante Tromp –aliada ahora de Francia– deshizo en el canal de la Mancha la poderosa flota del almirante Oquendo, dejando a España sin una fuerza naval operativa en el mar del Norte, cortando las comunicaciones marítimas entre España y Flandes y dando a Holanda la superioridad en la guerra en el mar.

La guerra provocó, paralelamente, la más grave crisis interna que la monarquía española iba a sufrir desde la entronización de los Austria en 1516: la rebelión y separación de Cataluña (1640), satelizada por Francia hasta 1652, y la sublevación de Portugal (1640-1659).

La rebelión de Cataluña, motivada por la oposición a las cargas fiscales y militares que el conde-duque de Olivares pretendió imponer a la región para hacer frente a la guerra y preparada por el malestar popular contra los abusos de las tropas enviadas a la región por el mismo motivo (malestar que se manifestó en numerosos disturbios: los más graves, los sucesos de 7 de junio de 1640 en Barcelona, protagonizados por grupos de segadores, en los que murió el propio virrey), desembocó en la separación de parte de Cataluña de la monarquía hispánica y en su incorporación a Francia tras la proclamación en 1641 por la diputación de Barcelona de Luis XIII como conde de Barcelona. Aunque la causa castellana tuvo importantes apoyos en la propia Cataluña (Tarragona no se separó; Lérida fue recobrada ya en 1644), España no pudo lograr la reintegración de Cataluña hasta 1652.

La rebelión de Portugal, secundada por la nobleza, el clero y las masas portuguesas, posiblemente decepcionados por la experiencia de unión con España iniciada en 1580 y apoyada primero por Francia y enseguida por Inglaterra, llevó a la restauración de la independencia portuguesa tras la proclamación de Juan IV, un Braganza, como rey, el 1 de diciembre de 1640. La rebelión portuguesa fue irreversible; sus ejércitos rechazaron los intentos españoles de restaurar por la fuerza la unión, y en 1668 España reconoció, por el tratado de Lisboa, la independencia de Portugal.

El declinar de España apareció ya, a los ojos de los propios contemporáneos –Quevedo, Saavedra Fajardo, el embajador británico en la corte española, Hopton, por ejemplo– evidente e irreversible. Olivares cayó en enero de 1643. Enseguida, la derrota de Rocroi, en las Ardenas (19 de mayo de 1643), destruyó la leyenda de los tercios españoles: un ejército francés de unos 23.000 hombres (16.000 de infantería, 7.000 de caballería), mandado por el duque de Enghien (el futuro príncipe de Condé), derrotaba al ejército español de Flandes mandado por el portugués Francisco de Melo (17.000 soldados de los tercios de infantería, de ellos unos 6.000 españoles; 5.000 de caballería), provocándole en torno a 7.300 bajas y permitiendo a Francia, gobernada ya por Mazarino, el control del Hainault y Luxemburgo. Aunque las tropas españolas aún lograrían algún éxito parcial, el curso de la guerra les era ya claramente desfavorable. Además de las rebeliones de Cataluña y Portugal, en 1641 y 1648 se descubrieron conspiraciones secesionistas en Andalucía (duque de Medina-Sidonia) y Aragón (duque de Híjar), y en 1647-1648 estallaron revueltas antiespañolas en Nápoles y Palermo (que fueron, sin embargo, controladas).

Francia obtuvo otra victoria decisiva en Lens (Bélgica), el 20 de agosto de 1648, en donde pudieron morir cerca de cuatro mil soldados españoles. España, que ya había iniciado negociaciones tanto con Holanda como con la propia Francia, precipitó los pasos hacia la paz. Por el tratado de Münster (enero de 1648), reconoció la soberanía de Holanda; en Westfalia (octubre de 1648), tratado que puso fin a la guerra de los Treinta Años, España aceptó que Francia recobrase Alsacia, diversas plazas en Lorena y el Rin y retuviese Pinerolo (Piñerol) en Piamonte.

La guerra entre España y Francia continuó hasta 1659. Aunque entre la derrota de Rocroi y la paz de los Pirineos que puso fin al conflicto hubo una cierta recuperación española, la nueva victoria francesa en la batalla de Las Dunas en junio de 1658, en la que Francia diezmó definitivamente a los tercios españoles de Flandes, decidió la contienda. En 1659 se firmó en la isla de los Faisanes, en el río Bidasoa, la paz de los Pirineos, en la que se acordó el matrimonio del futuro Luis XIV con la infanta española María Teresa, hija de Felipe IV–; España, representada por don Luis de Haro, el hombre que había sustituido en 1643 a Olivares, logró que Francia renunciase a sus reclamaciones en Italia, que abandonase toda pretensión sobre Cataluña y Portugal, y aun que evacuase el Franco Condado. Pero Francia obtenía de España el Rosellón, la Cerdaña y el Artois, y distintas plazas y enclaves de gran valor militar en Flandes, Hainault y Luxemburgo. Dicho de otro modo: Münster, Westfalia y Pirineos decidieron el declinar de España y la hegemonía de Francia en Europa.

EL FIN DE LA CASA DE AUSTRIA: LA DECADENCIA ESPAÑOLA

El problema de España tras la pérdida de su hegemonía fue redefinir su papel en el nuevo orden europeo nacido del tratado de Westfalia (1648). Los círculos de poder españoles –corte, virreyes, cargos militares, consejos, jerarquias eclesiásticas, alta aristocracia– parecieron aceptar, sobre todo tras la paz de los Pirineos, que España debía ser, sencillamente, una monarquía nacional, y que eso exigía el repliegue internacional y la reorientación de los objetivos de la política militar y de la diplomacia españolas. La posibilidad –que pudo haber hecho de España lo que parecía más plausible: un poder solo regional– no se materializó. Al contrario, el reinado de Carlos II, que heredó la corona en 1665 con solo cuatro años y que murió sin descendencia en 1700, agudizó el declive internacional de España: la crisis sucesoria de 1700 desembocaría en una guerra entre las potencias europeas, resultado de la cual fueron el cambio de dinastía en España y la pérdida definitiva de todos los dominios italianos y de los Países Bajos católicos.

La minoría del rey y enseguida su salud –Carlos II, un rey piadoso y recto, fue un ser débil, raquítico, irresoluto, enfermizo y mentalmente incapaz– crearon en efecto desde 1665 una situación literalmente inmanejable: situación de vacío de poder, derivada del colapso de la autoridad real, y crisis permanente de gobierno en la dirección del reino, reflejada en los varios y drásticos cambios de equipos y políticas que se produjeron durante el reinado. La monarquía conoció ya hasta lo que cabría considerar como golpes militares. Juan José de Austria, hermanastro del rey, recurrió a la presión militar para cambiar el gobierno en dos ocasiones: en 1669, para provocar el cese de Nithard, jesuita austriaco, confesor de la reina, que gobernó durante la minoría de Carlos II; en enero de 1677, en que marchó sobre Madrid al frente de un ejército de quince mil hombres, para asumir personalmente el poder (que ejerció, decepcionando las grandes expectativas que su fuerte personalidad había suscitado, hasta su inesperada muerte, con solo cincuenta años, en 1679).

El creciente hegemonismo francés, ahora bajo Luis XIV, hizo en cualquier caso imposible el repliegue español. Las aspiraciones de Francia –recuperación de la territorialidad definida por las "fronteras naturales" del país, control y fortificación de regiones y plazas fronterizas, neutralización del poder militar de los países vecinos, eliminación de toda posibilidad de cercamiento por unas u otras potencias– lesionaban necesariamente los intereses y posiciones españoles.

La superioridad francesa –que en 1675 disponía de un ejército de unos doscientos mil hombres; España, de apenas setenta mil–, fue manifiesta. Francia impuso a España entre 1667 y 1698 –al hilo de distintas guerras– casi todos sus objetivos: devolución de Brabante y de diversas plazas fuertes en la frontera belga; cesión del Franco Condado, un gravísimo golpe para las necesidades estratégicas españolas, y de Luxemburgo, que España cedió en la paz de Nimega de 1678; cesión de Haití en 1697 (tras la llamada guerra de los Nueve Años, 1692-1697, en la que Francia se enfrentó a la liga de Augsburgo de la que formaba parte España: Francia invadió Cataluña y bombardeó con dureza Alicante y Barcelona).

La sucesión al trono español, abierta desde que se hizo evidente tras el segundo matrimonio de Carlos II –en 1689, con la princesa alemana Mariana de Neuburgo– que el rey español no podría engendrar un heredero (tampoco lo había podido lograr en su primer matrimonio, con María Luisa de Orleáns), fue además una gravísima crisis institucional que condicionó negativamente el funcionamiento de la monarquía española y dividió profundamente a las elites del poder en torno a las dos opciones sucesorias más legítimas, la opción francesa y la opción austriaca (Luis XIV y el emperador austriaco Leopoldo I eran hijos de madre española y se casaron con princesas españolas; la tercera opción, el príncipe José Fernando de Baviera, que contó con el apoyo del propio Carlos II, se frustró con la muerte del infante en 1699).

No se trataba solo de la falta de un heredero: la sucesión española amenazaba con romper la balanza de poder en Europa. Luis XIV y el emperador austriaco Leopoldo I discutieron en enero de 1668 un posible reparto de la herencia española; Luis XIV lo volvió a plantear, esta vez a Inglaterra y Holanda, en 1698 y 1699. La decisión final española (2 de octubre de 1700) –nombramiento como futuro rey de Felipe de Anjou, Felipe V, nieto de Luis XIV, previa renuncia a toda posible unificación de las coronas francesa y española, decisión que quería ante todo salvaguardar la unidad de la monarquía hispánica– pareció plausible e inteligente: Leopoldo I la consideró inaceptable; Inglaterra y Holanda entendieron que la designación de Felipe V rompía el equilibrio europeo.

La guerra de Sucesión española (1702-1714) que estalló como consecuencia, fue una guerra europea, larga, extenuante. En Europa, las grandes victorias de Marlborough, comandante en jefe de las tropas "aliadas" (Inglaterra, Holanda, Austria, Portugal, Saboya) obligaron a Francia a buscar una salida negociada. En España, la guerra pareció, además, una guerra civil en torno a dos conceptos de monarquía: monarquía centralizada y reformista en Felipe V; monarquía foralista y tradicional en el archiduque Carlos, el candidato austriaco. Cataluña, Aragón, Valencia y Baleares se sumaron a la causa austriaca y proclamaron al archiduque como rey Carlos III de España. La guerra estuvo indecisa durante algunos años y solo se inclinó hacia el bando franco-español tras las victorias de sus ejércitos en Almansa (1707) y Brihuega (1710). La sucesión, sin embargo, no se resolvió por las armas. El nombramiento en 1711, por razones dinásticas, del archiduque Carlos como emperador austriaco, como Carlos IV, hizo inaceptable su posible designación como rey español. Por los tratados de Utrecht (1713) y Rastatt (1714), Felipe V retuvo el trono español y las Indias, pero tuvo que ceder Bélgica, Milán, Nápoles y Cerdeña a Austria, Sicilia a Saboya, y Menorca y Gibraltar a Gran Bretaña; y aceptar la participación inglesa en el tráfico de esclavos *(asiento)* y en el comercio con América *(nave de permiso)*. La España imperial, la España de los Austria, había, pues, terminado.

La decadencia de España interesó siempre a historiadores y ensayistas. Los ilustrados del XVIII –Montesquieu, Voltaire– la atribuyeron al fanatismo religioso español, a la Inquisición, al despotismo de la monarquía hispánica; el nacionalismo español de la derecha, a que el país había terminado por perder el ideal colectivo –la defensa de la religión y la fe católicas– que había cimentado su dominio y legitimado su política en el mundo.

El agotamiento de España fue consecuencia ante todo de dos factores: del inmenso coste económico del imperio, y de la casi imposibilidad logística de mantener unido un territorio de las dimensiones geográficas del español. Solamente las comunicaciones (con lo que conllevaban: instrucciones, órdenes, transporte de tropas, traslado de autoridades, envíos de pagos...) requerían, dentro de la Península, días; dentro de Europa, semanas; con América, meses, si no el año.

La España imperial no fue nunca una potencia económica. La debilidad de las bases financieras del imperio fue palmaria. Carlos V dependió de los créditos de los banqueros alemanes –los Fugger, los Welser–, negociados a cambio de importantes concesiones como minas, plata de ultramar, rentas y juros de la corona y monopolios. Felipe II dependió de la banca genovesa. Pese a los considerables ingresos y rentas de la corona, a las emisiones de juros (títulos reembolsables garantizados), a las llegadas de oro y plata de América, a las ventas de oficios y a los muchos otros procedimientos a los que se apeló para afrontar el continuo drenaje de recursos, la hacienda de los Austria fue en todo momento una hacienda en crisis, que tuvo que recurrir de forma casi permanente a la declaración de bancarrota o suspensión de pagos, a devaluaciones de la moneda y emisiones de moneda de poco valor, y al aumento de los impuestos (alcabalas, millones, derechos de aduanas, servicios, portazgos...); España se declaró en bancarrota ocho veces entre los años 1557 y 1666. Desde principios del siglo XVII, epidemias de peste, hambre y carestía fueron recurrentes. El decaimiento que entre las dos últimas décadas del siglo XVI y la década de 1650 experimentaron el comercio, muchas industrias y la producción de cereal fue notable. Aunque Madrid y algunas regiones periféricas creciesen, las dos Castillas (y Nápoles y Milán en Italia) perdieron población en esos años.

Las guerras fueron costosísimas: obligaron a la monarquía española a sostener, a mediados del XVII, un ejército de unos trescientos mil hombres, casi el doble del número de soldados que a mediados del XVI tenían los ejércitos imperiales de Carlos V. La deuda de la monarquía creció de 85 millones de ducados en 1598 a 221 millones en 1667. La política internacional de la España de los Austria no había sido además, ni siquiera con Felipe II, solo un gran proyecto moral y religioso. Más bien había sido una sucesión de proyectos dinásticos y territoriales, una política a menudo improvisada (o no planeada): intervencionismo militar de naturaleza meramente reactiva. Como ya ha quedado dicho reiteradamente, España se equivocó en Flandes, a la larga –la guerra se prolongó durante ochenta años– la verdadera causa de su declive. No entendió la naturaleza de la rebelión de las Provincias Unidas holandesas. Nunca debió en 1621 haber reactivado la guerra tras la tregua de los Doce Años que había suscrito con las provincias rebeldes en 1609; debió, por el contrario, haber reconocido a la república holandesa (lo que no era en aquel momento impensable y habría sido beneficioso: ambos países establecieron buenas relaciones comerciales tras la firma de la paz por el tratado de Münster de 1648 y colaborarían en las guerras de 1673-1678 y 1683 1684 para contener las ambiciones de Francia sobre los Países Bajos católicos). Saavedra Fajardo, embajador de Felipe IV en Europa durante treinta y cinco años, testigo de los cam bios que se estaban produciendo en el continente –que culminarían con el nacimiento en Westfalia de una Europa secularizada de estados monárquicos nacionales–, lo entendió muy bien: pensaba que España debía renunciar a la monarquía universal, a la unión habsbúrgica y a la guerra, y reconstruirse como una monarquía estrictamente nacional cohesionada bajo el poder de un príncipe mesurado y cristiano.

La idea de decadencia impide, además, valorar en su justa perspectiva la verdadera dimensión internacional de la monarquía española desde la segunda mitad del siglo XVII. Los años posteriores a la paz de los Pirineos, los años 1660-1700, fueron para la monarquía española años de recuperación, sobre todo desde 1680, a pesar de la debilidad del rey Carlos II (1665-1700) y del acusado faccionalismo cortesano. No obstante las pérdidas territoriales que siguieron a la guerra de Sucesión (1702-1714), el siglo XVIII fue, como se verá más adelante, un excelente siglo para España: un siglo de crecimiento demográfico, auge económico y comercial, y aun de recuperación de la influencia internacional y de parte del antiguo poder naval y militar. España recuperó militarmente Nápoles y Sicilia (y, aunque no los reincorporó a la corona, puso al frente de esos reinos al hijo del rey de España); obtuvo de Francia la Luisiana y, tras la guerra de la Independencia de los Estados Unidos (1776-1783), recuperó Menorca y Florida, esta última cedida pocos años antes a Inglaterra. Nunca fue mayor el imperio español en América que en 1780-1790.

FE CATÓLICA Y SIGLO DE ORO

La España imperial fue, probablemente, la plenitud española en la historia. Todo cambió en la España de los Austria, 1516-1700: el papel de España en el mundo, el estado, las formas del poder, el pensamiento político, la economía, la arquitectura, el gusto artístico y literario, la mentalidad, las formas de vida.

Como el luteranismo en Alemania, o el anglicanismo puritano en Inglaterra, la religión católica fue en España una religión nacional. Jalonada por la Inquisición, la persecución de brotes heréticos y disidencias religiosas, el antisemitismo, la expulsión de los judíos (unos 100.000-150.000 expulsados en 1492 y en torno a 600.000 conversos a fines del siglo XV) y luego de los moriscos (50.000 deportados de Granada en 1570; en torno a 300.000 expulsados del país en 1610), la unidad religiosa del país cimentó la unidad política y la cohesión de la sociedad. La España de la monarquía de los Austria fue una España católica. La iglesia tenía hacia 1590 unos sesenta obispados y cerca de noventa mil sacerdotes, religiosos y religiosas. Su riqueza patrimonial en tierras y propiedades urbanas, edificios religiosos, colegios y conventos era incalculable. Las prácticas religiosas (ayunos, abstinencias, confesión, comunión...), las festividades, el culto al Santísimo Sacramento, el culto a la Virgen, la milagrería, las devociones locales, las procesiones y representaciones de Semana Santa (que se formalizaron en el siglo XVII) homogeneizaron la vida social; reforzaron el sentimiento de comunidad de los españoles.

El protestantismo nunca tuvo en España importancia significativa. Los focos que surgieron en 1555 en Valladolid y Sevilla fueron, como se indicó, inmediatamente erradicados por la Inquisición. Iluministas, alumbrados, beatas, místicos, biblistas, fueron sospechosos de herejía. El erasmismo, el tipo de cristianismo intelectual y humanista asociado a Erasmo de Rotterdam (1467-1536), que tuvo hacia 1525-1535 una extraordinaria influencia entre las minorías intelectuales españolas y en el propio entorno de Carlos V (los casos más conocidos: Luis Vives, Juan de Vergara, los hermanos Alfonso y Juan de Valdés y el médico real Andrés Laguna), terminó también por resultar sospechoso: los libros de Erasmo fueron incluidos en el índice de libros prohibidos de 1558 del inquisidor Fernando Valdés.

Con la excepción de Velázquez, la pintura y la escultura españolas de los siglos XVI y XVII, incluida la obra de los grandes maestros El Greco, Ribera, Zurbarán y Murillo, fueron religiosas, devocionales. Modelos ideales de orden y belleza en el XVI; pintura arrebatada e intensa en El Greco; arte directo, emocional, realista en el XVII. Toda la obra principal de El Greco, que se afincó en Toledo desde 1577, fue encargo de iglesias, hospitales, conventos, capillas y parroquias, como la propia catedral toledana, la parroquia de Santo Tomé, el monasterio de Santo Domingo o el hospital Tavera. El genio de Murillo creó la iconografía del culto a la Inmaculada Concepción; el escultor Pedro de Mena, la de la Dolorosa. Nada reflejó mejor la religiosidad del país que el intenso patetismo de la escultura del XVII, creada por grandes maestros como Gregorio Fernández, Juan de Mesa, Martínez Montañés o Ruiz Gijón, y asociada al ritual de la Semana Santa.

Ignacio de Loyola (1491-1556) creó en 1534 la Compañía de Jesús, la orden de los jesuitas, una institución disciplinada y jerárquica, de acuerdo con las ideas del fundador recogidas en las *Constituciones* de 1547-1550, puesta bajo la obediencia al papa y guiada por una espiritualidad pragmática de servicio a la voluntad de Dios en el mundo y en la realidad política y social, uno de los pilares fundamentales de la contrarreforma. La teología escolástica española (Melchor Cano, Domingo de Soto, Benito Arias Montano, el editor de la *Biblia Regia* y organizador de la biblioteca de El Escorial) fue probablemente la principal corriente de pensamiento que dio fundamento a las definiciones dogmáticas del concilio de Trento (1545-1563).

La mística no fue sino la expresión de la arrebatada espiritualidad del mundo religioso español. *Las moradas* (1577) de Teresa de Jesús, la fundadora de las carmelitas descalzas, era una alegoría, escrita en una prosa libre y bellísima, del acercamiento del alma a Dios, del "camino espiritual" hacia la iluminación y revelación de la gracia, y al "matrimonio" del alma con Cristo. El tema de los tres breves y bellísimos poemas de San Juan de la Cruz (1542-1591), *Noche oscura* ("En una noche oscura, / con ansias, en amores inflamada, / ¡oh dichosa ventura! / salí sin ser notada, / estando ya mi casa sosegada"), *Cántico espiritual* y *Llama de amor viva*, tres de los más hermosos poemas de la literatura española, era similar: la unión con Dios, el gozo de los "esposos", el amor divino. La prosa doctrinal, el libro religioso (*De los nombres de Cristo*, de Fray Luis de León; *Introducción al símbolo de la Fe* y *Guía de pecadores*, de Fray Luis de Granada), los dramas religiosos y autos sacramentales, obras de teatro de tema sagrado (como *El gran teatro del mundo*, *La cena del rey Baltasar* o *El diablo mundo* de Calderón), tuvieron relevancia especial en la escritura y el teatro españoles del Siglo de Oro.

La religión y los valores religiosos generaron el mundo moral, el clima espiritual, que encubrió y definió toda la vida colectiva española en los siglos XVI y XVII. La religiosidad española desembocó en esos siglos en el triunfo de la fe, de la censura inquisitorial y del dogma contrarreformista. Pero España generó entre 1500 y 1700, paralelamente, una gran cultura creadora: géneros literarios originales y propios (la picaresca, la novela moderna –la gran invención de Cervantes con el *Quijote*–, un teatro "nacional"), ensayismo político característico y bien definido (los *arbitristas*, la literatura de "consejos de príncipes", el debate sobre la "razón de estado"); una historiografía diversificada; una amplia reflexión sobre la lengua castellana. La monarquía de los Austria fue una monarquía europea. La cultura española del Siglo de Oro –cerca de doscientos años, varias generaciones, ideas, gustos y circunstancias políticas muy distintas– fue una cultura amplia, compleja, en ningún caso uniforme.

Carlos V aglutinó en torno a sí, en la década de 1520, a un importante número de escritores. En 1526 creó, al servicio de la corona, la figura oficial del cronista de Indias. El contacto de Boscán y Garcilaso con Italia y la poesía italiana provocó la mayor revolución en toda la historia de la poesía española: la poesía italianizante, bellísima, elegante, perfecta en Garcilaso (y en Fray Luis de León), que tuvo, además, un éxito extraordinario y una influencia permanente y decisiva en toda la poesía del Siglo de Oro, y generó una sensibilidad estética y moral nueva, con formas nuevas (sonetos, elegías, églogas, odas, liras, epístolas) y temas nuevos: el amor, la naturaleza, los mitos clásicos.

Felipe II fue un gran coleccionista de arte y de libros. Adquirió numerosas obras de Tiziano y de El Bosco, de Van der Weyden *(El descendimiento de la Cruz)*, Patinir y Antonio Moro. Su biblioteca personal llegó a tener unos catorce mil volúmenes. Protegió a escritores y eruditos, incorporó a su capilla a los mejores músicos (Tomás Luis de Victoria, Antonio de Cabezón), apoyó los estudios geográficos y científicos, financió en 1570 la expedición a América del médico real Francisco Hernández con el objeto de estudiar y catalogar plantas y semillas (Hernández descubrió unas ochocientas especies nuevas) y costeó en 1572 una nueva edición de la Biblia Políglota, la *Biblia regia* de Arias Montano, editada en Amberes por Plantino, el editor del rey y el mejor editor de Europa.

El Escorial, su gran obra y el símbolo por excelencia del dominio español, fue construido, por orden del rey, en un estilo clasicista, sobrio y equilibrado (a Felipe II no le gustaron ni el plateresco, ni el barroco, ni El Greco). Felipe II empleó para su decoración a los pintores y escultores italianos entonces más estimados (Zuccaro, Tibaldi, Luca Cambiaso, Francisco de Urbino, Carducci, Leon y Pompeo Leoni, Jacome da Trezzo... y algunos españoles: Navarrete "el Mudo" y Sánchez Coello). Reunió allí una espléndida biblioteca que quería ser un compendio del saber humano, con excepcionales colecciones de códices árabes, hebreos y persas, manuscritos griegos, cartografía y libros italianos y españoles. Hizo, en suma, el edificio más formidable de su tiempo: la visión de El Escorial como un edificio granítico y plúmbeo, un monumento sombrío, agobiante, siniestro, un monstruoso pudridero símbolo de la España negra, fue simplemente una creación del romanticismo del XIX.

La cultura española quedó asociada en el siglo XVI, a erasmismo, arquitectura renacentista (palacio de Carlos V en Granada, Alcázar de Toledo, universidad de Alcalá, palacio de Monterrey en Salamanca, conjuntos renacentistas de Baeza y Úbeda...), a poesía italianizante, primeros místicos, Ignacio de Loyola, teología escolástica, aparición de la picaresca (*La lozana andaluza* en 1528; el *Lazarillo de Tormes* en 1554) y libros de caballería. Desde el último tercio de ese siglo, y a lo largo del XVII, se materializó en el colosal esfuerzo de El Escorial, la mística (Santa Teresa de Jesús, San Juan de la Cruz...), la pintura de El Greco, la novela pastoril, en el teatro de Lope de Vega, Tirso de Molina y Calderón, en la picaresca, en el *Quijote*, cuya primera parte se publicó en 1605; en Góngora y Quevedo, los grandes maestros de la pintura del barroco (Zurbarán, Ribera, Velázquez, Murillo, Valdés Leal) y en la arquitectura herreriana.

La historiografía de Indias, una historiografía admirativa y de exaltación (Bernal Díaz del Castillo, López de Gómara, Fernández de Oviedo...); la historia oficial (Garibay, Mariana, Prudencio de Sandoval, Cabrera de Córdoba); las historias de los distintos reinos y coronas peninsulares (los *Anales de la Corona de Aragón*, de Jerónimo Zurita, 1562); y la historia de hechos singulares (*Guerra de Granada*, de Diego Hurtado de Mendoza, 1627; *Historia de los movimientos, separación y guerra de Cataluña*, de Francisco Manuel de Melo, de 1645; la *Historia de la Conquista de México*, de Antonio de Solís, de 1684), sirvieron al propósito de reforzar o forjar la memoria histórica, unitaria y común de la monarquía. En los *arbitristas* de principios del XVII (Sancho de Moncada, Martín González de Cellórigo...), en Cervantes, Quevedo, Saavedra Fajardo y Gracián alentaba ya, sin embargo, la preocupación por el ser de España, la reflexión sobre España como problema: de forma serena, prudente, mesurada, en Gracián y en Saavedra (en sus *Empresas políticas* y en otras obras); con suave amargura en Cervantes, en el propio *Quijote*; con vehemente y desaforada pasión política, y también hondo dolor de España, en Quevedo, en obras políticas como *La España defendida*, de 1609 o *Execración contra los judíos*, de 1633, en su conocido soneto "Miré los muros de la patria mía, / si un tiempo fuertes, ya desmoronados...".

Los libros de caballerías y la novela pastoril fueron excepcionalmente populares durante el XVI. Representado en *corrales de comedias* fijos y luego en la propia corte, el teatro tuvo un gran desarrollo a partir de los últimos años del siglo, primero con compañías italianas, enseguida con autores españoles. Lope de Vega, Tirso de Molina, Calderón, escribieron obras memorables: *Peribáñez y el Comendador de Ocaña, Fuenteovejuna, El caballero de Olmedo, La dama boba, El castigo sin venganza, El perro del hortelano* (todas ellas de Lope, escritas entre 1610 y 1630); *Las mocedades del Cid* (Guillén de Castro); *El burlador de Sevilla, El condenado por desconfiado, Don Gil de las calzas verdes* (Tirso); *El alcalde de Zalamea, La vida es sueño, El médico prodigioso, Casa con dos puertas, La dama duende*, de Calderón de la Barca, cuyo teatro no fue solo un teatro contrarreformista, alegórico y sacro, obsesionado por el honor y reflejo del pesimismo barroco de la España del XVII, sino un teatro extraordinariamente complejo y contradictorio, muchas veces religioso, pero también profano –el éxito inicial le llegó por sus comedias de enredo, no por los autos sacramentales–; teatro político, preocupado por el individuo y el poder, un teatro a menudo crítico de los mismos valores de la sociedad, a veces pesimista y otras veces impregnado de optimismo y esperanza.

La novela picaresca, verdadera contraimagen de los valores dominantes (*La lozana, El Lazarillo, Guzmán de Alfa-*

rache, Rinconete y Cortadillo, El Buscón de Quevedo, *La pícara Justina...*) tuvo su mayor vigencia entre 1600 y 1650. El *Quijote* (1605) fue un éxito fulminante. Se editó de inmediato en Lisboa, Milán y Bruselas, se tradujo enseguida al inglés, al francés y al italiano, y alcanzó dieciséis ediciones en vida de Cervantes, que murió en 1616: el *Quijote*, una plenitud española (como dijo Ortega y Gasset de Cervantes) que, aunque leído en su tiempo como un libro cómico, no dejaría de transmitir a sus lectores sentimientos de melancolía y tristeza por el fracaso de su admirable héroe, y de convencerles de que las ideas caballerescas, la épica, no cabían ya en la España del XVII.

El *Viaje al Parnaso* de Cervantes, *El laurel de Apolo* de Lope, eran inventarios de autores y libros contemporáneos, con comentarios o elogiosos o críticos. En 1599, Francisco Pacheco, el pintor e intelectual sevillano, recogió en uno de los libros manuscritos más bellos del Siglo de Oro, el *Libro de descripción de verdaderos relatos de ilustres y memorables varones*, numerosos retratos de escritores, eclesiásticos y artistas de la época de Felipe II, como Fray Luis de León, Quevedo, Fray Luis de Granada o Fernando de Herrera. En 1672 y 1696 aparecieron en Roma, respectivamente, la *Bibliotheca Hispana vetus* y la *Bibliotheca Hispana nova*, de Nicolás Antonio, dos recopilaciones bibliográficas excepcionales con descripciones y datos de todo tipo (sorprendentemente, con pocos errores) de los escritores españoles desde Octavio Augusto hasta la época del autor. En 1715, apareció *El Museo pictórico y escala óptica*, la obra de Antonio Palomino, uno de los pintores de Carlos II, cuyo tercer tomo *(Noticias, elogios y vidas de los pintores y escultores eminentes españoles y de aquellos extranjeros ilustres que han concu-*

rrido en estas provincias) recogía más de doscientas biografías de artistas, prácticamente todo el "parnaso español pintoresco laureado", como decía el subtítulo, con especial atención a Velázquez. La cultura española del Siglo de Oro integró una cultura común; pocas culturas europeas tuvieron una voluntad tan decidida de reivindicar y perpetuar su propia herencia.

Velázquez, que pintó con un dominio siempre asombroso cuadros de género, temas mitológicos y religiosos, retratos, escenas de la familia real, pintura de historia y algún pequeño y maravilloso paisaje, hizo de la pintura "visualidad pura" (Ortega): profunda belleza; elegancia; luces, sombras, atmósferas y colores exquisitos; una visión melancólica, enigmática, de hondura a veces impenetrable.

IV

EL XVIII ESPAÑOL:
EL FIN DEL ANTIGUO RÉGIMEN

*L*a monarquía hispánica de los Austria se apoyaba, por lo que hemos visto, en un amplio entramado de instituciones comunes, símbolos y formas de vida unitarios: la corona, la corte, los consejos, la religión católica, la propia lengua española. Lo que no existió bajo los Austria fue el sentimiento nacional, la idea de patria, ideas, preocupaciones y sentimientos que irían germinando, en efecto, a lo largo del siglo XVIII. Dicho de otro modo: el reformismo ilustrado, obra de burócratas de la administración del estado y asociado a gustos cosmopolitas (rococó, neoclasicismo) e influencias extranjeras –ministros franceses e italianos en el gobierno, artistas y arquitectos extranjeros en la corte–, y el nuevo tipo de monarquía centralizada y burocrática implantada por la nueva dinastía reinante, los Borbones, articularon definitivamente la nación española.

El reformismo ilustrado no fue –conviene enfatizar– el despliegue de programas de reforma trazados y planificados desde arriba, por la corona y sus asesores y servidores. El resultado de las reformas fue, además, a menudo desigual y controvertido, y no necesariamente un éxito. En España como en Europa, el reformismo respondió, sin duda, más a razones prácticas que a convicciones morales o ideológicas.

Cuando llegó a España en 1700, Felipe V tenía diecisiete años, hablaba solo francés, carecía de experiencia política y de planes de actuación para España, y era una personalidad retraída y depresiva, con muy poco interés en las tareas de gobierno. Como otros monarcas europeos ilustrados, los Borbones españoles del XVIII (Felipe V, Fernando VI, Carlos III, Carlos IV) fueron personalidades de escasas inquietudes intelectuales. Los equipos de gobierno que emplearon nunca fueron homogéneos. Felipe V (1700-1746), en cuyos primeros años en España la influencia francesa fue muy notable, usó sucesivamente gobiernos muy diferentes. De 1716 a 1719, España estuvo de hecho gobernada por el cardenal italiano Giulio Alberoni, luego por José de Grimaldo y, entre 1725 y 1726, por el barón de Ripperdá, un holandés de origen español. De 1726 a 1746, gobernaron los "tecnócratas" (en expresión del historiador Ricardo García Cárcel), hombres de la alta burocracia del Estado, como José Patiño, José del Campillo y el marqués de la Ensenada. Fernando VI (1746-1759) utilizó primero a Ensenada y a José de Carvajal y Lancaster; y a Ricardo Wall desde 1754. La prioridad de Felipe V –que también significativamente tardó en abandonar sus aspiraciones al trono de Francia– fue menos la política de reformas que la política exterior y más concretamente, la "cuestión italiana", la aspiración a revisar los acuerdos de Utrecht y recuperar los estados italianos a los que España no había renunciado (lo que se hizo con éxito: España recuperó militarmente en 1738 Nápoles y Sicilia, a cuyo frente puso al infante don Carlos, el hijo del rey, el futuro Carlos III).

La nueva monarquía impuso, con todo, cambios fundamentales. Los más importantes a corto plazo: la supresión de las cortes y fueros de Aragón y Valencia (1707) y de las instituciones catalanas (decreto de Nueva Planta, 16 de enero de 1716), por el apoyo de aquellos territorios a la causa del archiduque austriaco Carlos en la guerra de Sucesión; la doble reforma de la administración central (supresión de los consejos de la monarquía y creación en 1714 de *secretarías de despacho* –Estado, Gracia y Justicia, Hacienda, Marina e Indias, y Guerra–, precedente directo de los consejos de ministros) y de la administración territorial (capitanías generales, *intendentes* o gobernadores civiles de provincia, *corregidores* en las capitales, nuevos virreinatos, Nueva Granada y Río de la Plata, y nuevas audiencias en América); y la reforma militar (capitanías generales, comandancias, estructura jerárquica de mandos, regimientos de infantería en sustitución de los tercios, regimientos de línea y dragones en caballería, guardia real, cuerpos de Ingenieros y Artillería, transformación de la marina en armada real con bases en Cádiz, El Ferrol y Cartagena, y con el cuerpo de Guardias Marinas como base de la oficialidad).

La nueva monarquía impulsó también desde muy pronto la educación, el establecimiento de instituciones académicas y la investigación científica (Biblioteca Real, 1712, Real Academia Española, 1713; universidad de Cervera y colegio de Guardias Marinas; Real Seminario de Nobles; Real Academia de la Historia, 1738...); y la creación de reales fábricas para la introducción de nuevas técnicas de fabricación y el impulso a sectores decaídos o inexistentes (Real Fábrica de Paños en Guadalajara, 1717; de tapices en Madrid; de paños en Segovia y Brihuega, 1726; de cerámica en Alcora, 1727).

La política de reformas ganó consistencia y continuidad a partir de 1726-1736, cuando el ministro José Patiño (1670-1736) asumió las secretarías de Estado, Marina, Indias y Hacienda, y sobre todo desde 1738-1754, ya por tanto en el reinado de Fernando VI, con los ministros José del Campillo y Zenón de Somodevilla, marqués de la Ensenada (1702-1781), hombres también promovidos al poder desde el aparato burocrático y técnico de la administración. De la labor de Patiño, Campillo y Ensenada emergió una verdadera obra de gobierno: reformas en la administración y la hacienda, impulso al comercio con América y a la construcción naval, fortalecimiento militar de España. A Ensenada se debió la extensión de intendencias por todo el territorio, la reconstrucción de la armada real –con la construcción entre 1750 y 1759 de unos cuarenta navíos de guerra–, la ordenación de carreteras y caminos reales, esto es, el inicio de la construcción de una red vial nacional con centro en Madrid, y el comienzo igualmente (a partir de 1753) de la construcción de una red de canales navegables en Castilla y Aragón. En 1749 preparó un proyecto para establecer una contribución única que sustituyera alcabalas, millones y restantes tasas, de lo que quedó la elaboración de un catastro o encuesta sobre la población y la riqueza del país de extraordinario valor social e histórico.

LA ESPAÑA DE CARLOS III

Con todo, plena Ilustración solo la hubo en España durante el reinado de Carlos III (1759-1788), sucesor y hermanastro de Fernando VI e hijo de Felipe V e Isabel de Farnesio, rey de Nápoles de 1735 a 1759, un hombre bondadoso (y profundamente creyente), de trato familiar y simple, carente de toda vanidad, de inteligencia solo discreta, pero de ideas reformistas y voluntad firme.

Carlos III usó tres equipos de gobierno: el de los marqueses de Grimaldi (secretario de Estado) y Esquilache (Schillace), secretario de Hacienda y Guerra, ambos italianos, de 1763 a 1776; y los gobiernos del conde de Aranda, presidente del consejo de Castilla, de 1767 a 1773, y del conde de Floridablanca (José Moñino), secretario de Estado, de 1777 a 1792. El reinado no estuvo exento ni de crisis y problemas graves, como el "motín de Esquilache" de 1766 –alborotos callejeros en la capital contra ciertas disposiciones del ministro, motines de subsistencias en cerca de un centenar de pueblos–, la expulsión en 1767 de los jesuitas y la rebelión de Túpac Amaru en Perú en 1780; ni de fracasos militares, como los dos intentos que se hicieron por recuperar Gibraltar (1779, 1782). Pero la política de reformas –educativas, financieras, económicas, militares–, que debió mucho a la inspiración del inteligente y tenaz fiscal del consejo de Castilla, Pedro Rodríguez de Campomanes (1723-1803), fue una política, aun ralentizada tras el motín de Esquilache, decidida y firme a todo lo largo del reinado. La corona promovió la creación de escuelas, la reforma de las universidades y la enseñanza del castellano y, con la creación de instituciones como el Colegio de Farmacéuticos de Madrid (1762), la Real Academia Médico-Práctica de Barcelona, el Real Gabinete de Historia Natural, la Academia de Ciencias Naturales o el Hospital General de San Carlos de Madrid

(1781), impulsó el desarrollo de las ciencias y la investigación, especialmente de las ciencias médicas, la naútica, las matemáticas y la química. Volvieron a financiarse misiones científicas de gran relieve, como la expedición a los reinos de Perú y Chile de 1777 y la real expedición a Nueva Granada de 1782 dirigida por José Celestino Mutis. La Real Sociedad Bascongada de Amigos del País, creada en 1765 por ilustrados vascos como el conde de Peñaflorida para el estudio de las ciencias y las bellas artes, abrió en 1771 el Seminario Patriótico de Vergara, donde se estudiaban matemáticas, humanidades, física, mineralogía y química: el químico riojano Juan José de Elhuyar descubrió allí el wolframio. Las sociedades de amigos del país –cuarenta y cinco entre 1774 y 1786–, creadas a imitación de la Bascongada e impulsadas desde arriba por Campomanes, nacieron ante todo para el estudio y fomento de las economías locales y regionales. La de Zaragoza creó en 1789 la primera cátedra de economía de la historia española.

En su *Elogio fúnebre de Carlos III* (1789), Jovellanos diría que fue en ese reinado cuando apareció lo que entonces se llamó "economía civil": políticas y realizaciones concretas para el bienestar de los súbditos. Desde luego, las iniciativas fueron numerosísimas. Se fundaron nuevas reales fábricas: de porcelana del Buen Retiro, 1759; de paños en Segovia, 1762; de vidrio, en La Granja, 1773. El gobierno estableció en 1763, con propósito recaudatorio, la lotería nacional. En 1765, liberalizó los precios del trigo. En 1782 creó el Banco Nacional de San Carlos, un verdadero banco central. Los privilegios de la Mesta, la poderosa cofradía de ganaderos, blanco de la crítica de los ilustrados, fueron recortados. Suprimidas en reinados anteriores las aduanas interiores y los puertos secos, y trasladadas aquellas a las fronteras o a los puertos –con la excepción de las aduanas vascas–, los gobiernos reforzaron ahora el comercio interior y la vertebración de España como mercado merced al impulso de la construcción de la red vial: entre 1777 y 1788, con Floridablanca como intendente de caminos, se construyeron unos 1.100 kilómetros de caminos y 322 puentes.

En 1763 empezó a funcionar un servicio bisemanal de diligencias entre Madrid y Barcelona. Desde 1780 entraron en funcionamiento varios canales navegables. Los puertos fueron acondicionados con nuevos muelles, espigones y faros. La corona asumió también los servicios de correos y postas, a fin de siglo un servicio altamente eficaz. En la etapa de Aranda, el estado promovió una serie de colonizaciones para la explotación de tierras no cultivadas: en Sierra Morena, entre 1769 y 1775, se construyeron, bajo la dirección de Pablo de Olavide, un total de quince pueblos (La Carolina, La Carlota, La Luisiana...), veintiséis aldeas y 2.282 casas, en las que se asentaron 10.420 personas, muchos de ellas alemanes. El comercio con América y con Filipinas fue liberalizándose. Si antes del reinado de Carlos III se había concedido a determinadas compañías comerciales (como la Compañía Guipuzcoana de Caracas, la Compañía de Filipinas y la Real Compañía de Comercio de Barcelona) el monopolio de uso de ciertos puertos y de ciertos tráficos, en 1765 se autorizó a un total de nueve puertos españoles (Barcelona, Gijón, Santander...) y a varios americanos la salida y entrada de navíos hacia América, que hasta entonces habían monopolizado Sevilla y Cádiz. En 1778 se dio prácticamente plena libertad al comercio americano, autorizándose la entrada del tráfico procedente de allá a cualquier puerto.

Como mostraba el embellecimiento de Madrid a lo largo del siglo XVIII (Palacio Real, obra de Juvara, Sacchetti y Sabatini, Cuartel del Conde Duque de Pedro de Ribera, Real Hospicio, puente de Toledo, palacio Goyeneche, luego Academia de San Fernando, iglesias de las Salesas Reales, San Marcos y San Francisco, Puerta de Alcalá, obra de Sabatini, Observatorio Astronómico y Museo de Historia Natural, ambos de Juan de Villanueva, edificio de Correos en la Puerta del Sol, Salón del Prado y Jardín Botánico, también de Villanueva, las fuentes de Cibeles y de las Cuatro Estaciones, traslado de los cementerios a las afueras, comienzo del alcantarillado, canalización del Manzanares), el país parecía haber recobrado su pulso. El reformismo borbónico quiso volver a hacer de las Indias, de América, donde lo español había sido relegado a posiciones subalternas desde mediados del siglo XVII, parte efectiva del sistema español. Los Borbones llevaron, en efecto, a América las reformas administrativas (capitanías generales, intendencias, corregidores, reformas militares,...) que habían introducido en España desde 1700, reformas que, tras la visita de inspección a Nueva España que por encargo de Grimaldi realizó a partir de 1765 José de Gálvez (ministro togado del consejo de Indias, secretario de Indias en 1775), dieron paso a un verdadero proyecto neocolonial: reforma territorial y administrativa (con la creación del virreinato de Río de la Plata y de nuevas audiencias y capitanías generales), reestructuración y liberalización del comercio, como acaba de verse, en beneficio de los intereses españoles, reafirmación del poder español sobre los criollos en las instituciones indianas, reforzamiento de la defensa militar del continente.

Carlos III abandonó, paralelamente, la política exterior neutralista de Fernando VI, política que había favorecido precisamente el despliegue naval de Inglaterra en el Atlántico, una verdadera amenaza para los territorios coloniales españoles. España renovó la política de alianza con Francia (Tercer Pacto de Familia, 1761), a la que se unió tanto en la guerra de los Siete Años (1756-1763) como en la guerra de Independencia de los Estados Unidos, en la que Francia y España apoyaron a las colonias sublevadas: España hizo de la contención del poder naval de Inglaterra –en el Atlántico y en América– la clave de su política exterior. Los resultados fueron desiguales. En 1762, en el curso de la guerra de los Siete Años, España perdió La Habana y Manila ante los ingleses, dos formidables derrotas que pusieron de manifiesto la vulnerabilidad española en ultramar. Las recuperó, y además ganó Luisiana, en la paz de París de febrero de 1763 que puso fin al conflicto, pero perdió Florida y no pudo recuperar ni Menorca ni Gibraltar, dos de sus grandes aspiraciones, y sus objetivos fundamentales en aquella guerra. España perdió las Malvinas ante Inglaterra en 1771. Invadió y recuperó Menorca en 1782, ya durante la guerra contra Inglaterra derivada de la participación hispano-francesa en la guerra de Independencia estadounidense (1776-1783), pero fracasó nuevamente en Gibraltar (aunque el tratado de Versalles de 1783, que puso fin a dicha guerra, no fue negativo para España: Gran Bretaña reconoció finalmente la pérdida de Menorca y devolvió Florida).

LA ILUSTRACIÓN ESPAÑOLA

Los ilustrados españoles compartieron con los europeos la ilusión de un mundo regido por la razón y el progreso. En España, como en Europa, el pensamiento ilustrado creó, cuando menos, el clima de opinión e ideas que favoreció y legitimó el reformismo ministerial.

En *Teatro crítico universal* (1726-1739) y *Cartas eruditas* (1741-1760), por ejemplo, Feijoo (1676-1764) encubría, bajo la apariencia de una crítica de la ignorancia (supersticiones, creencias en exorcismos y conjuros, geocentrismo, milagrería), una intensa reflexión sobre el atraso de España y planteaba, en consecuencia, la renovación del sentir y la mentalidad de los españoles, vía el pensamiento científico y la crítica. Mayans (1699-1781) –jurista, filólogo, historiador, latinista, y hombre de erudición extraordinaria– editó a Fray Luis de León, a Nebrija, al Brocense, a Vives, el *Quijote*, escribió en 1737 la primera biografía de Cervantes, y reivindicó en suma el siglo XVI, que definió como el Siglo de Oro, en lo que era una revisión crítica de la historia española y una afirmación de una nueva idea o visión de España en la historia. La crítica de Jovellanos (en su *Memoria para el arreglo de la policía de los espectáculos y diversiones públicas, y sobre su origen en España*, de 1790) a las corridas de toros y al teatro del Siglo de Oro, su rechazo de la arquitectura barroca, su gusto por el arte clásico, por la arquitectura neoclásica de Ventura Rodríguez, por la pintura de Velázquez y Mengs, y por el teatro de Plauto y Terencio (y dentro del teatro español, por *La Celestina* y por Torres Naharro, autor de la primera mitad del XVI), eran igualmente críticas a las que ya empezaban a ser visiones esencialistas y casticistas de lo español, y querían ser al tiempo ideas y propuestas para la reforma ética y estética del país.

El pensamiento económico ilustrado (Ustáriz, Campomanes, Olavide, Bernardo Ward, Cabarrús, Jovellanos, autor del *Informe en el expediente de la ley agraria*, 1795) no fue ya, como pudo serlo el arbitrismo del XVII, un puñado de ocurrencias más o menos extravagantes, sino una reflexión rigurosa sobre los problemas de España. Proporcionó los análisis, las estadísticas, los proyectos y las ideas, y aun la teoría, para la reforma de la economía nacional: ideas para el fomento y la protección de la industria y el comercio, para la repoblación del país, sobre los derechos de propiedad, desamortización y leyes agrarias, para la supresión de los gremios y de la Mesta; proyectos y estudios para la construcción de caminos y canales y la mejora de las comunicaciones, incluso para la creación de nuevas instituciones financieras que ordenaran y regularan la cuestión monetaria.

El XVIII fue además, en palabras de Sánchez Albornoz, el siglo de la historia. La Academia de la Historia publicó en 1740 un *Diccionario biográfico-histórico de España*. El padre Andrés Burriel (1719-1762) investigó los archivos toledanos y la figura de Fernando el Santo. El también padre Enrique Flórez (1702-1773) publicó una monumental *España Sagrada* en veintinueve volúmenes, un verdadero caudal de fuentes narrativas y diplomáticas. El jesuita exiliado Juan Francisco Masdeu escribió *Historia crítica de España y de la cultura española* (1783-1805). Antonio de Capmany publicó las *Memorias históricas de la antigua ciudad de Barcelona* en 1779 y 1792. En 1790, el archivero Juan Ramón de Yturriza escribió una historia general de Vizcaya; en 1798, el sacerdote Joaquín José de Landázuri publicó una erudita historia de la provincia de Álava. Libros como *Ensayo histórico-crítico sobre la antigua legislación y principales cuerpos legales de los Reynos de León y Castilla* (1807), de Francisco Martínez Marina, *Historia del lujo y de las leyes suntuarias de España* (1788), *Observaciones sobre el origen, establecimiento y preeminencia de las Chancillerías de Valladolid y Granada* (1796) e *Historia de vínculos y mayorazgos* (1805), de Juan Sempere y Guarinos, crearon la historia del derecho en España.

Ponz creó, por su parte, la historia y crítica del arte español. Mayans sistematizó los estudios lingüísticos del español. La Academia de la Lengua publicó a partir de 1726 el *Diccionario de Autoridades* (esto es, las voces y frases hechas en uso en lengua española), en 1741 la *Ortografía*, y en 1771, la *Gramática*, cuya enseñanza sería obligatoria a partir de 1780. La publicación en 1737 de la *Poética o reglas de la poesía en general y de sus principales especies*, de Ignacio Luzán –el texto clave de la estética literaria del neoclasicismo dieciochesco– abrió una amplia polémica, que se iba a prolongar a lo largo del siglo, en torno al sentido de la literatura española: en torno al teatro de Calderón y los autos sacramentales, prohibidos en 1764; en torno a géneros breves y castizos como los entremeses y la tonadilla; en torno a las comedias heroicas y lacrimosas en boga a principios del XVIII; una polémica que era, en definitiva, una polémica sobre la propia cultura española. Dicho de otra manera, la Ilustración conllevó la revisión sistemática de España y su historia. El sentimiento ilustrado de nación –un patriotismo mesurado, culto, sereno, cosmopolita, como era, por ejemplo, el de Jovellanos (1744-1811), la quintaesencia de la Ilustración española– no hacía de España una entidad abstracta, emocional e idealizada. España aparecía, ante todo, como una realidad social y territorial, como una realidad plural en la que, contradiciendo la centralización administrativa del reino, regiones y provincias se convertían en los ámbitos naturales de la vida social: "Hago ánimo de examinar –advertía en *Cartas Marruecas* (1774) José de Cadalso, el escritor gaditano, otra plenitud de la Ilustración del XVIII– no solo la corte, sino todas las provincias de la Península".

EL SIGLO XVIII

La política de reformas de los Borbones fue desordenada y confusa en los primeros años de Felipe V; consistente y eficaz bajo Patiño (1726-1736), eficacísima bajo Ensenada (1742-1754), y decidida y firme durante el reinado de Carlos III (1759-1788). Los límites, sin embargo, de aquel amplio abanico de iniciativas ministeriales (jamás se había hecho nada similar) fueron evidentes.

El mismo pensamiento económico ilustrado llamó reiteradamente la atención sobre el atraso de España y los problemas y carencias del reino (problemas demográficos y agrarios; la cuestión de la pobreza y la mendicidad; falta de comunicaciones; mayorazgos, formas y extensión de la propiedad de la tierra...). Pese a la creación de las fábricas reales, muchas de las cuales fracasaron, la actividad industrial siguió siendo comparativamente menor, con la excepción del núcleo industrial de fabricación del algodón surgido en Cataluña a partir de la década de 1740. Pese a que los ilustrados (Campomanes, Jovellanos, Cabarrús) dejaron claro que solo la reforma agraria, la desamortización –esto es, la liberalización de las tierras amortizadas o vinculadas–, la supresión de los privilegios de la Mesta y de los derechos señoriales y la liberación de los precios agrarios, podrían redimir la agricultura española –en la que veían, con lucidez, el verdadero problema de España–, lo que realmente llegó a hacerse al respecto fue poco: la desamortización de Godoy, por ejemplo, ya en 1798, en el reinado de Carlos IV, afectó solo a unas pocas propiedades de la iglesia (tierras y casas especialmente, hospitales, asilos y hospicios).

La España del siglo XVIII siguió siendo un país cerealístico, con una agricultura técnicamente muy atrasada y de rendimientos muy bajos, pésimamente comercializada y agobiada por los derechos señoriales. Los años 1763-1765, 1770, 1784-1793 y 1800-1804 fueron años de escasez y, en determinadas comarcas, de hambre. Las alzas de precios fueron en algunos momentos incontroladas y en todo caso, muy graves. Aunque España era un país comparativamente estable, hubo manifestaciones de descontento, protestas sociales, estallidos de violencia popular. El intento en septiembre de 1718 de trasladar las aduanas a la frontera provocó motines y disturbios de gran violencia en distintos pueblos de las cercanías de Bilbao: saqueos y quemas de casas, agresiones con víctimas mortales contra las autoridades y notables locales, que determinaron la intervención de las tropas reales y la ejecución de dieciséis personas. El motín de Esquilache de 1766 se produjo en un contexto de profundo malestar social debido a malas cosechas y a la subida del pan, en parte por la liberalización de los precios del trigo decretada en 1765, y se extendió por cerca de un centenar de pueblos, con incidentes especialmente graves en Zaragoza, en algunas localidades de Alicante y Valencia, y en Guipúzcoa. Parecidas circunstancias –malas cosechas, carestía del pan– produjeron en 1788 violentos disturbios en Barcelona.

Pese a que el siglo XVIII fue un siglo dominado por el pensamiento ilustrado y las ideas científicas, la iglesia, en la que también cristalizó un notable sector ilustrado y reformador (Joaquín Lorenzo Villanueva, Miguel de Santander, el cardenal Lorenzana, Antonio Tavira...), siguió reteniendo un inmenso poder social y espiritual: 145.000 individuos y un formidable patrimonio (14,79 por 100 de la tierra catastrada). El regalismo de la corona (esto es, la afirmación de la autoridad real sobre la iglesia) avanzó. Por el concordato de 1753, el papado reconoció a la corona española el derecho de designación de numerosos nombramientos eclesiales. En 1767, tras culpabilizárseles del "motín de Esquilache", se expulsó a los jesuitas de España (unos 2.800 individuos), medida apoyada por muchas otras órdenes religiosas, y generalizada en Europa. Pero religiosidad, festividades religiosas, celebraciones solemnes y prácticas cotidianas, cultos y devociones específicas, la práctica y la moral católicas en suma, siguieron rigiendo la vida social e individual de los españoles. La Inquisición, cuyo cometido principal pasó a ser ahora la censura de libros, aún pudo procesar en 1714 a Macanaz –el ministro de Felipe V que había propuesto la reforma del consejo de la Inquisición, la reducción del clero y la secularización de la monarquía– y, en 1775, a Olavide, una de las personalidades más significadas de la Ilustración española y del movimiento reformista. En el XVIII, se construyeron centenares de iglesias, monasterios, ermitas y capillas por toda España, entre ellos algunos de los grandes templos de la iglesia española: la iglesia de San Martín Pinario y la fachada del Obradoiro de la catedral de Santiago, la basílica de San Francisco en Madrid, las catedrales de Murcia y Cádiz, el santuario de Loyola, la seu nova de Lleida, las Salesas Reales y San Marcos en Madrid, la basílica de Santa María en San Sebastián, la capilla de la Virgen del Pilar de Zaragoza.

El siglo XVIII, pese a todo, fue un siglo excelente, de recuperación de la presencia internacional de España y de auge demográfico, industrial, urbano y comercial (aun con ciclos irregulares y desiguales). El desarrollo de las economías regionales transformó la estructura económica del reino. La extensión del viñedo; la comercialización de aguardientes y vinos; mejoras en la producción agraria; el auge del comercio (gracias a la penetración en el mercado español, tras la supresión de las aduanas interiores, y sobre todo a la incorporación al mercado americano tras la liberalización de este) y el desarrollo desde la década de 1740 de la industria del algodón, con la fabricación de "indianas", hicieron de Cataluña la región más dinámica de la Península. La extensión del maíz y de la patata, el comercio con América y el crecimiento demográfico transformaron la economía agraria de Asturias, Cantabria, Galicia y las provincias vascas. En Galicia, una región atrasada, con una agricultura de rentistas (monasterios, pazos) y pequeñas explotaciones, comerciantes catalanes empezaron la explotación de la industria del salazón. En Cantabria, el tráfico de lanas, trigo y harinas por Reinosa tras la construcción de caminos reales desde Burgos y desde Valladolid y Palencia, propició la prosperidad del puerto de Santander. Comercio con América, compañías navieras, industria pesquera, algunos astilleros, ferrerías, exportación de mineral e industrias armeras, promovieron la recuperación de Vizcaya y Guipúzcoa (antes del periodo de recesión que comenzó a finales del siglo).

La expansión del regadío, la roturación de nuevas tierras y la especialización agraria (el arroz, por ejemplo), más el auge de las industrias de la seda (Valencia) y de la lana (Alcoy), favorecieron el desarrollo de ciertas zonas de Levante. El comercio con América y su condición de gran base naval provocaron el espectacular crecimiento de Cádiz. La actividad mercantil posibilitó el auge del puerto de Málaga y la presencia allí (y también en Cádiz) de importantes colonias de comerciantes extranjeros. Nuevos cultivos y la especialización de su vega, más el desarrollo de algunas industrias textiles (cordelería, seda, lana), impulsaron la economía granadina. Aun perdido el monopolio del comercio americano, Sevilla, embellecida y urbanizada durante el tiempo (1767-1775) en que Olavide fue *asistente* (corregidor) de la ciudad, retuvo su posición como gran centro administrativo, eclesiástico y comercial.

La población creció, como consecuencia, de unos 7,7 millones de habitantes en 1700 a 10,4 millones en 1787, según el censo de Floridablanca; la de Madrid, de unos 130.000 habitantes a finales del siglo XVII a unos 200.000 a principios del XIX. La población de Cataluña pasó de 406.000 habitantes en 1720 a 899.000 en 1787; el País Vasco, de 175.000 a 334.000. La población de Galicia, Aragón y Andalucía se duplicó a lo largo del siglo; la de Valencia se triplicó. Barcelona pasó de unos 35.000 habitantes a finales del siglo XVII a algo más de 100.000 a fines del XVIII; Cádiz, de 40.000 a 70.000 habitantes. Valencia y Sevilla se acercaban a los 80.000 habitantes a finales del siglo XVIII; Murcia, Málaga, Granada, Zaragoza, a los 50.000.

HACIA EL FIN DEL ANTIGUO RÉGIMEN

La España que en 1788 heredó Carlos IV y que entre 1792 y 1808 gobernaría Manuel Godoy (1767-1851), salvo por una breve interrupción en 1798-1800 (gobiernos Saavedra y Urquijo), era un reino ilustrado y católico, un gran imperio colonial, una nación comparativamente estable, un país no dramático, como podían reflejar, por citar un ejemplo fácilmente identificable, toda la primera obra de Goya: cartones para tapices y cuadros de escenas amables, de fiestas y diversiones populares; retratos de la corte, de la aristocracia y de la Ilustración. La proyección oficial de España no era ya la pétrea mole de El

Escorial, sino las fuentes y jardines de los Reales Sitios de La Granja y de Aranjuez (este último, un palacio remodelado bajo Carlos III, con salones deslumbrantes y jardines espléndidos, árboles centenarios, fuentes, surtidores, esculturas, río artificial...) y el colosal Palacio Real de Madrid, el mayor de Europa, un enorme bloque de piedra berroqueña sobre zócalo almohadillado, con pilastras y columnas adosadas en las fachadas y gran balaustrada superior, y espléndidos interiores, con frescos de Giaquinto, Mengs y Tiepolo, además de mobiliario y decoración exquisitos.

La posible evolución tranquila que esa España pudiera haber tenido habría sido en cualquier caso difícil e imprevisible, pero no imposible. Carlos IV, que reinó entre 1788 y 1808, fue un irresoluto y un simple. Pero Floridablanca, a quien el nuevo rey mantuvo inicialmente al frente del gobierno, parecía la garantía de la continuidad del reformismo: la *Instrucción reservada* que había elaborado en 1787, y que presumiblemente aplicaría desde el gobierno, era un plan de actuación detalladísimo y exhaustivo (395 artículos) que abordaba las relaciones con la iglesia, la gobernación interior, el ejército y la marina, la política económica y aduanera, la hacienda, el comercio, la repoblación forestal, las carreteras y canales, la política exterior, los problemas específicos de las Indias, Gibraltar e Italia, y las relaciones con Francia, Portugal y Marruecos.

El mismo Godoy, hombre de escasa educación y pronto impopular por su arrogancia y vanidad, por su ambición de poder y sobre todo por su origen (un oficial de la guardia real aupado al poder en plena juventud –veinticinco años en 1793– por el favoritismo de la reina), se consideró un continuador de la Ilustración y en parte lo fue: patrocinó nuevas expediciones científicas (expedición de Malaspina al Pacífico en 1794; "expedición de la vacuna", ya en 1803-1808, encabezada por los médicos Balmis y Salvany, para llevar la vacuna de la viruela a América y Filipinas), inició la desamortización (1798), protegió a escritores como Moratín, Forner y Llorente, llevó al gobierno en 1797 como secretario de Gracia y Justicia al propio Jovellanos, creó el Observatorio Astronómico de Madrid y bajo su mandato se crearon nuevas Sociedades de Amigos del País, la Escuela de Caminos, Canales y Puertos (1802) y el Instituto Militar Pestalozziano.

Aquella posibilidad quedó, sin embargo, pronto, inmediatamente, truncada por la nueva situación creada en Francia y en toda Europa por la gran conmoción que fueron la Revolución Francesa de 1789 y el imperio napoleónico (1805-1814) en que aquella desembocó. En 1789, la Revolución Francesa provocó la reacción conservadora de la monarquía española y la paralización de los programas y proyectos de reformas. España (Godoy), que en un primer momento (1793-1795) se unió a las otras potencias europeas en la guerra contra la Francia revolucionaria, siguió desde 1795-1796 una política exterior de alianza con esa misma Francia, un gravísimo error estratégico que haría de ella en unos pocos años un mero satélite del imperio napoleónico, que le arrastró a la guerra con Portugal y a la guerra naval con Gran Bretaña –con la destrucción en 1805, en Trafalgar, de la marina española–, y a autorizar en 1807 la entrada de tropas francesas en territorio español con la idea de ocupar Portugal y reforzar así el "bloqueo continental" napoleónico contra Gran Bretaña.

Todo ello condujo a la crisis de 1808, una de las más graves de toda la historia española, una crisis triple, de gobierno, de estado y nacional: caída de Godoy y abdicación del rey, Carlos IV, en su hijo Fernando VII (tras el motín de Aranjuez de 17 de marzo, un acto de fuerza contra el primer ministro); levantamiento popular en Madrid (2 de mayo) contra el ejército francés (unos 35.000 soldados) que, mandado por el mariscal Murat, había entrado en la capital española el 20 de marzo en virtud de los acuerdos de 1807, levantamiento durísimamente reprimido por las tropas francesas (unos cuatrocientos muertos en los disturbios; numerosas personas ejecutadas en la madrugada del 3 de mayo); generalización del levantamiento en España (22 de mayo); instauración por Napoleón, a la vista de los sucesos, de una nueva monarquía en España (7 de junio) bajo el mando de su hermano, José Bonaparte (tras reunir en Bayona en abril, después de los sucesos de Aranjuez, a toda la familia real española, obligar a Fernando VII a devolver la corona a Carlos IV, y a este, a cederle los derechos al trono).

A la vista de sus proyectos e iniciativas (estatuto o constitución de Bayona, que establecía una monarquía parlamentaria y medidas revolucionarias: libertades civiles, abolición de la Inquisición, reducción de las órdenes religiosas, supresión de los señoríos y de los privilegios de la nobleza y del clero, desamortización, reforma de los cuerpos administrativos, reorganización de la enseñanza sobre la base de las enseñanzas primaria y secundaria y de los liceos, mejoras urbanísticas), el régimen afrancesado de José Bonaparte, que contó con apoyos en el país (políticos como Miguel J. de Azanza, Gonzalo O'Farrill, Cabarrús, Mariano Luis de Urquijo, José de Mazarredo o Santiago Piñuela, que formaron en su primer gobierno; escritores como Meléndez Valdés, Moratín, Llorente, Martínez Marina, Lista y Miñano), pudo haber dirigido la gran reforma de España. Pero la crisis desencadenada desde 1808 hizo imposible toda acción regular de gobierno. Ocupación francesa, levantamiento popular y guerra destruyeron el Antiguo Régimen y al tiempo el orden colonial: entre 1810 y 1825, España perdió casi todo su imperio americano; la antes poderosa España imperial iba a ser en adelante una potencia menor, sin apenas influencia en el mundo.

Muchos observadores y protagonistas de los sucesos vieron en todo ello, por analogía con lo sucedido en Francia desde 1789, la materialización de la revolución española. No les faltaba razón. El vacío de poder y la pasividad de las que en mayo de 1808 eran todavía las autoridades legítimas provocaron insurrecciones y la formación a partir del 25 de mayo de 1808 de nuevos poderes territoriales, las *Juntas provinciales*, que, desconociendo a José Bonaparte, parecían asumir la soberanía y legitimar su autoridad en nombre del pueblo español y de Fernando VII. El proceso se radicalizó al hilo de la guerra. Culminó, tras la creación primero de una junta central suprema y luego de una regencia, en la reunión de cortes en Cádiz el 24 de septiembre de 1810, cuyos diputados, a instancias de la minoría liberal (Muñoz Torrero, Agustín Argüelles, Pérez de Castro, Juan Nicasio Gallego, el conde de Toreno, Alcalá Galiano y otros), se autoconstituyeron en asamblea constituyente y, en su primera decisión, declararon asumir la soberanía nacional.

LAS CORTES DE CÁDIZ

La reunión de cortes fue un verdadero golpe revolucionario. En ausencia del rey (Fernando VII, prisionero de hecho de Napoleón) y en una situación de vacío de poder, un congreso de diputados en número cercano a trescientos, de ellos unos sesenta en representación de los territorios americanos (representación que en sí misma era ya un hecho extraordinario), de representatividad y elección discutibles y sin mandato previo constituyente, se apoderó de la representación nacional e inició una amplia obra legislativa, que se coronaría con la constitución de 19 de marzo de 1812, la primera constitución en la historia española (pues el estatuto de Bayona, al margen de su débil legitimidad de origen, era más una carta otorgada que una constitución).

Las cortes de Cádiz, en efecto, aprobaron importantísimas reformas políticas, sociales y económicas: acordaron la libertad de imprenta, el reconocimiento de la igualdad de derechos políticos de americanos y peninsulares, la abolición de la Inquisición, la extinción de los señoríos y la liberalización de la agricultura, de la ganadería, de la industria y del comercio. La Constitución de 1812 –diez títulos, 384 artículos– transformaba a España en una monarquía liberal y parlamentaria. Proclamaba la soberanía nacional, declaraba a España como una monarquía moderada hereditaria, establecía la separación de poderes, preveía la creación de un tribunal supremo de justicia, hacía residir el poder legislativo en las cortes con el rey, instituía unas cortes unicamerales elegidas por un sistema de elección indirecta, introducía el principio de responsabilidad ministerial, dividía a España en provincias y ayuntamientos, y garantizaba los derechos individuales y las libertades políticas básicas.

Aun confinada territorialmente, la revolución gaditana, una revolución de eclesiásticos ilustrados y radicales, de juristas, letrados, militares, nobles, catedráticos y altos funcionarios de la administración provincial y local, cambió la historia de España. La Constitución de 1812 fue un texto moral y políticamente admirable. Creó, o fijó, las ideas, el lenguaje y los principios políticos del liberalismo español. Cualesquiera que fuesen sus defectos técnicos –el texto constitucional conducía a una especie de monarquía republicana y asamblearia de casi imposible articulación– y sus limitaciones –el proceso gaditano no supo resolver las aspiraciones y planteamientos autonomistas de los territorios americanos–, la Constitución de 1812 nació como símbolo y marco de referencia de las libertades españolas, y como tal quedaría en la historia. Su texto no podía ser más contundente: "La Nación española –proclamaba– es la reunión de todos los españoles de ambos hemisferios"; "la Nación española es libre e independiente, y no es ni puede ser patrimonio de ninguna familia ni persona"; "la Soberanía reside esencialmente en la Nación"; "el objeto del Gobierno es la felicidad de la Nación, puesto que el fin de toda sociedad política no es otro que el bienestar de los individuos que la componen".

LA GUERRA DE INDEPENDENCIA

La guerra, no el régimen afrancesado ni las cortes de Cádiz, determinó el curso de los acontecimientos y la dinámica de la situación española. La guerra de Independencia, la guerra contra la ocupación francesa, que estalló en mayo de 1808 y se prolongó hasta 1814 –al hilo de la cual se desarrolló, como se acaba de indicar, la revolución española–, fue una guerra desordenada y caótica, librada en múltiples frentes, sin estrategias ni planes militares coherentes, en parte guerra convencional, en parte guerra de guerrillas. Francia perdió en esa guerra –la "úlcera española", como la llamó Napoleón– unos 200.000 hombres; España, entre 215.000 y 375.000.

La guerra tuvo distintas fases: levantamiento español y ocupación fallida; superioridad francesa; recuperación y victoria anglo española portuguesa. El objetivo inicial francés –reprimir el levantamiento español e instaurar en Madrid a José Bonaparte–, que exigió a Napoleón el envío a España de un ejército de 165.103 hombres, se cumplió solo parcialmente.

Pese a sus grandes avances, los ejércitos franceses tropezaron con resistencia inesperada en Zaragoza, Gerona y Valencia, y en el paso del Bruch, entre Igualada y Barcelona. El 22 de julio, el ejército del general Dupont, encargado de la ocupación de Andalucía, capituló en Bailén, tras varios días de lucha, ante las tropas del general Castaños, la mayor humillación sufrida por el imperio francés en todos sus años de existencia. José Bonaparte,

MAPA 1. La invasión napoleónica: 1808.

que había llegado a Madrid el día 20, hubo de retirarse precipitadamente a Vitoria; los ejércitos franceses retrocedieron hasta el río Ebro. Tuvieron además que evacuar Portugal, donde las fuerzas de Junot fueron vencidas por la modesta fuerza expedicionaria, que Gran Bretaña había enviado en apoyo de la insurrección española a principios de agosto al mando de sir Arthur Wellesley (1769-1852), el futuro duque de Wellington.

Francia había valorado erróneamente la situación española. Napoleón asumió personalmente la dirección de las operaciones, desplazó a España un formidable ejército de 300.000 hombres y entró en la Península en noviembre (1808). El 10 de noviembre, Soult entró en Burgos. El 11, Lefebvre deshizo en Espinosa de los Monteros a uno de los tres ejércitos en que habían sido reorganizadas las fuerzas españolas. El día 23, Ney tomó Tudela, llave del Ebro. Napoleón continuó su rápido avance por el centro; el 4 de diciembre de 1808, sus tropas entraban en Madrid y restablecían a José Bonaparte. Los ejércitos franceses habían irrumpido también con considerable éxito en Aragón y Cataluña, si bien Zaragoza resistiría durante dos meses, hasta febrero de 1809, y Gerona durante seis, hasta diciembre de ese año. Solo una audaz operación de una división británica desembarcada en La Coruña al mando de sir John Moore (1761-1809) impidió que los franceses liquidasen entonces mismo la guerra.

Los varios contraataques que los ejércitos españoles lanzaron, ya en 1809, para reconquistar Madrid fracasaron: los ejércitos españoles sufrieron a lo largo de ese año derrotas decisivas, abrumadoras (en Uclés, Ciudad Real, Medellín, Ocaña y Alba de Tormes). Las operaciones del general Blake sobre Zaragoza –en mayo-junio de 1809– terminaron también negativamente. Las tropas "aliadas" (británicos, españoles, portugueses) solo lograron alguna victoria ocasional. La misma notable victoria que las tropas españolas e inglesas de Wellesley obtuvieron el 28 de julio de 1809 en Talavera de la Reina, junto al Tajo y en línea hacia Madrid, sobre un gran ejército francés, unos 50.000 efectivos bajo el mando de los mariscales Victor y Jourdan y el general Sebastiani, aunque obligó a los franceses a retroceder en sus posiciones, no tuvo grandes consecuencias: Wellesley, un hombre alto, de mirada viva y nariz prominente, altivo, distante y lacónico (y buen violinista), y un militar cauteloso, tenaz, obsesionado por el detalle y por la táctica basada en el despliegue de tropas en línea –la "delgada línea roja"– y no en columnas, no pudo, o no quiso, explotar la victoria debidamente y, ante la reconcentración masiva de tropas francesas, optó por retroceder a Badajoz primero, y a Portugal después. A fines de 1809 la superioridad francesa resultaba, en cualquier caso, incontestable. La conquista de España parecía solo cuestión de tiempo. Los ejércitos regulares españoles habían quedado gravemente quebrantados. Entre enero y mayo de 1810, el ejército francés de Soult conquistaba toda Andalucía, con la excepción de la ciudad de Cádiz, que quedó sitiada desde febrero de 1810 hasta agosto de 1812, pero que aun así pudo servir de base de la revolución española: para la reunión de cortes y la aprobación de la Constitución de 1812. Cataluña y Levante fueron igualmente ocupadas aunque quedaran bolsas de resistencia guerrillera. Los franceses solo fracasaron en Portugal: el gran ejército (tres cuerpos, 70.000 hombres) que al mando del mariscal André Masséna había sido enviado en julio de 1810 para acabar con la fuerza anglo-portuguesa de Wellington –título conferido a Wellesley después de su éxito en Talavera– se estrelló contra la estrategia defensiva (tierra quemada, líneas sucesivas de fortificaciones, milicia portuguesa) diseñada por aquel, que además había terminado por crear un gran ejército. Tras el fracaso de varias ofensivas que terminaron por agotar a sus hombres, Masséna abandonó Portugal en abril de 1811; logró, con todo, contener a Wellington –que había atacado Badajoz y Ciudad Rodrigo– en la línea divisoria entre ambos países y estabilizar de esa forma el frente.

El nacionalismo español y la imaginación romántica exaltaron siempre el papel que en la guerra española tuvieron hechos como Bailén, la resistencia de Zaragoza y Gerona y la guerrilla española, esto es, las partidas y cuadrillas de ex-oficiales y ex-soldados españoles, voluntarios civiles y campesinos (y hasta bandoleros), que, con dimensiones muy distintas (unos 30.000 efectivos en su momento álgido), fueron formándose desde 1809 por todo el territorio peninsular. La verdad fue otra. Los hechos decisivos de la guerra fueron básicamente dos: el fracaso de la ofensiva francesa sobre Portugal, que desmoralizó a los ejércitos franceses, estableció un cierto equilibrio militar entre ambos bandos, proporcionó a los aliados una base de operaciones segura y, sobre todo, les permitió ganar tiempo; y el desplazamiento en 1812 de los intereses militares franceses hacia otros escenarios –concretamente, la invasión de Rusia–, que hizo que Napoleón retirara numerosos efectivos de España y que, por tanto, en 1813 las tropas aliadas fueran incluso superiores en número a las francesas.

Ello propició la recuperación "aliada". Wellington aprovechó que parte del ejército francés de Portugal había marchado a Levante, para incorporarse a la ofensiva sobre Valencia, y contraatacó entonces desde Portugal. El 19 de enero de 1812, tomó Ciudad Rodrigo; el 6 de abril, Badajoz. Al mismo tiempo, Wellington hizo que el reorganizado ejército español reactivase los frentes andaluces, y que la guerrilla incrementase sus acciones en el norte, mientras un contingente naval mandado por el contraalmirante Popham atacaba las costas del Cantábrico. La estrategia fue un éxito. El 22 de julio de 1812, el ejército de Wellington (51.949 hombres) derrotaba en Arapiles, cerca de Salamanca, al ejército francés de Marmont (49.647 hombres), causándole cerca de veinte mil bajas. Todo el dispositivo francés pareció derrumbarse. José Bonaparte abandonó Madrid por Valencia. Los ejércitos franceses evacuaron Andalucía; Wellington entró en la capital española el 13 de agosto de 1812 en medio del júbilo de la población, que se agolpó en la Puerta del Sol y en la calle Mayor para recibir a las tropas.

La victoria no fue definitiva porque nuevas contraofensivas francesas obligaron a Wellington a retirarse a Portugal y restablecieron el equilibrio. Pero la ofensiva de Wellington había puesto de relieve la vulnerabilidad del ejército francés –debido a su dispersión por el territorio peninsular– y revelado la estrategia idónea para derrotarlo. Wellington preparó cuidadosamente su nueva ofensiva, que comenzó ya en la primavera de 1813. Mientras que las guerrillas se ocupaban de nuevo de inmovilizar a los franceses y a una fuerza expedicionaria anglo-siciliana desembarcada en Alicante, Wellington avanzó desde la frontera portuguesa por el Duero (Salamanca, Valladolid) a lo largo de una línea diagonal que debía llevarle a Burgos, Vitoria y los Pirineos. El choque definitivo tuvo lugar en Vitoria, el 21 de junio de 1813. Las fuerzas de Wellington –120.926 hombres (de ellos, 8.300 portugueses y 39.500 españoles)– vencieron a las de José Bonaparte, que poco antes había abandonado Madrid ya definitivamente, y del mariscal Jean Baptiste Jourdan (68.551 soldados). El ejército francés se derrumbó e inició una huida precipitada hacia la frontera de Irún y los Pirineos. Los ejércitos franceses de Aragón y Valencia se replegaron.

Wellington continuó su ofensiva hacia la frontera, por el País Vasco y Navarra. San Sebastián fue incendiada y tomada al asalto el 31 de agosto; Wellington deshizo en San Marcial (Irún), en la misma línea fronteriza, un vigoroso contraataque de Soult. Pamplona se rindió el 31 de octubre de 1813. Aunque se combatió en suelo francés hasta abril de 1814, la guerra en España había terminado. Napoleón precipitó su final. El 11 de diciembre de 1813 liberó a Fernando VII, le restableció en el trono de España y aun firmó con él un tratado de paz y amistad francoespañolas: Fernando VII volvió a España –por Cataluña, donde aún permanecían, aunque inactivas, tropas francesas– el 22 de marzo de 1814.

LOS DESASTRES DE LA POSGUERRA

Fernando VII regresó al poder en 1814 aclamado por su pueblo. Las esperanzas de reconciliación y unidad nacionales –condiciones necesarias para la reconstrucción del país tras la guerra– suscitadas por el regreso del rey y el fin de la guerra de Independencia en 1814 quedaron defraudadas. Fernando VII puso fin a la revolución gaditana mediante un autogolpe de estado (4 de mayo de 1814) que suspendió la Constitución de 1812 y disolvió las cortes, y que le permitió, en los meses siguientes, restaurar muchas de las instituciones del Antiguo Régimen. Los principales dirigentes liberales fueron procesados y condenados a duras penas de prisión o destierro. Miles de liberales y afrancesados –se estimaría que en número de unas doce mil familias– se exiliaron.

El absolutismo fernandino fue, sin embargo, una fórmula desastrosa para la acción de gobierno. Devastada por la guerra, con una deuda pública incontrolable y el estado en bancarrota, España quedó relegada desde 1814 a nación de segundo orden: ni participó en la reestructuración de la Europa posnapoleónica, la Europa de Metternich –el canciller austriaco, el hombre fuerte de la Europa continental tras el fin de Bonaparte en 1815–, ni formó parte de las alianzas que las potencias europeas (Rusia, Prusia, Austria, Francia y Gran Bretaña) suscribieron desde 1815. Fernando VII desaprovechó, en suma, una gran oportunidad histórica. La ineficacia de sus gobiernos, la corrupción y arbitrariedad de la corte, la influencia del círculo íntimo del rey, de la "camarilla" (Escoiquiz, el duque de Alagón, Lozano Torres, Ugarte y Larrazabal, el embajador de Rusia, Tatischev…), la represión, el bandolerismo, la crisis financiera, que no pudo detener la única reforma seria de la nueva situación, la reforma de la hacienda proyectada por el ministro Martín de Garay en mayo de 1817, generaron en pocos años un profundo descontento. El espectro del pronunciamiento militar hizo así su aparición en la historia de España. Los primeros de ellos –encabezados sucesivamente por Espoz y Mina, Juan Díaz Porlier, el abogado Richart y el mariscal Renovales, los generales Lacy y Miláns del Bosch y el coronel Vidal– fracasaron. El pronunciamiento del 1 de enero de 1820 del comandante Rafael del Riego y el coronel Quiroga en Cádiz derribó, en cambio, la situación. El 8 de marzo de 1820, Fernando VII restableció la Constitución de 1812, aceptó la formación de una junta provisional consultiva y de juntas provinciales, y la formación de

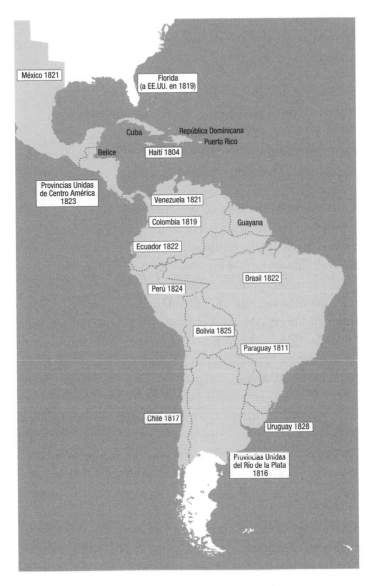

MAPA 2. La desaparición del imperio de ultramar, 1810-1825: procesos independentistas en las colonias españolas.

un gobierno provisional encabezado por exdiputados de Cádiz como Agustín Argüelles, Evaristo Pérez de Castro y José Canga Argüelles, entre otros.

LA INDEPENDENCIA DE LA AMÉRICA ESPAÑOLA

La crisis española de 1808 tuvo otra manifestación, ya mencionada, de importancia histórica ciertamente extraordinaria: entre 1810 y 1825, España perdió América, todo lo que había sido su gran imperio ultramarino (salvo Cuba, Puerto Rico y Filipinas que, como es sabido, retuvo hasta 1898), fundamento durante trescientos años de su influencia en el mundo.

Ciertamente, el mantenimiento del imperio habría sido en cualquier caso difícil. Las independencias de los Estados Unidos en 1776 y de Haití en 1804 parecían anunciar el fin del dominio europeo en América. Los sentimientos de identidad "americana" y el deseo de cambios en las formas de gobierno y representación en las instituciones coloniales, se habían extendido entre las elites criollas –patriciado urbano, letrados, hombres de negocios, hacendados, juristas– desde la segunda mitad del siglo XVIII: las mismas grandes reformas en la administración indiana llevadas a cabo por España durante el siglo XVIII, que respondían a la necesidad de lograr una verdadera vertebración del imperio, fueron interiorizadas, desde la óptica del criollismo americano, como una mera afirmación del centralismo monárquico. Pero sentimiento de identidad americana no era sinónimo de nacionalismo anticolonial. Por graves que fueran, la sublevación indígena de Túpac Amaru en Perú en 1780-1783 o la rebelión antifiscal del movimiento "comunero" que estalló en Bogotá en 1781 fueron rebeliones y protestas contra el mal gobierno, no sublevaciones antiespañolas. El pensamiento o independentista o revolucionario –representado por hombres como los venezolanos Miranda y Bolívar, el colombiano Antonio Nariño, el quiteño Eugenio de Espejo, y los argentinos Mariano Moreno y Manuel Belgrano– era minoritario. La conspiración antiespañola de 1796 en La Guaira (puerto cercano a Caracas) y el intento independentista en febrero de 1806 de Francisco de Miranda –que partiendo de Nueva York desembarcó al frente de unos doscientos hombres en Coro (Venezuela)– fracasaron en medio de la indiferencia de la opinión americana. Los diputados americanos (Mejía Lequerica, José Miguel Guridi y Alcocer, José Miguel Ramos Arizpe y otros) participaron activamente en las cortes de Cádiz de 1810. San Martín, el futuro libertador de Chile y Perú, sirvió en el ejército español en la guerra de Independencia y fue ascendido a teniente coronel por su actuación en la batalla de Bailén y a coronel, también por méritos, tras la batalla de Albuera de mayo de 1811.

Fue, en efecto, la crisis española de 1808 (fin de los Borbones, gobierno de José Bonaparte, ocupación francesa, formación de juntas, cortes de Cádiz, guerra de Independencia) lo que quebrantó el orden colonial: la formación en 1808-1809, pero sobre todo a partir de 1810, de juntas, autonomistas o independentistas, que asumieron el poder local (en Caracas, Buenos Aires, Santa Fe de Bogotá, Santiago de Chile...) y levantamientos como los de Hidalgo (1810) y Morelos (1813) en México, preludiaron el fin del dominio español y el nacimiento de un nuevo orden americano.

La independencia de la América española fue, con todo, un proceso largo, complejo y en extremo contradictorio, más la suma de distintos procesos, condicionados por las circunstancias históricas, administrativas, políticas y militares de los distintos territorios en que América estaba dividida, que un modelo único de independencia. En 1808-1809, las juntas locales autónomas que, como en España, se formaron en muchas capitales y ciudades americanas, asumieron el poder en nombre del rey legítimo Fernando VII y contra José Bonaparte. Miguel de Lardizábal y Uribe representó formalmente a Nueva España ante la junta central suprema española, en la que habían confluido, si se recuerda, las juntas provinciales creadas a partir de mayo y que se constituyó en Aranjuez el 25 de septiembre de 1808, y formó también parte de la regencia de cinco miembros a la que esa junta dio paso, ya en Cádiz, en enero de 1810. La población americana participó activamente a lo largo de 1810 en las elecciones a cortes convocadas por dicha regencia. Nueva España eligió un total de dieciocho diputados (trece de ellos clérigos), de los que quince asistieron a las cortes de Cádiz (y que junto a los restantes diputados americanos participarían decididamente, como ya se ha apuntado, en los debates parlamentarios que culminaron en la aprobación de la Constitución de 1812).

En 1808, la elite americana no era aún decididamente independentista. Aspiraba a asumir la dirección política de unos territorios que consideraba propios y a redefinir el papel y el poder de América en el entramado institucional de la monarquía española. La evolución de la guerra en España y la profundización de la crisis política española aceleraron, sin embargo, en muy poco tiempo, el proceso del derrumbamiento del dominio español; propiciaron la desviación del proceso americano desde el autonomismo y el autogobierno en nombre de Fernando VII hacia la independencia. En Caracas, un cabildo abierto depuso el 19 de abril de 1810 al capitán general y eligió una junta que negó la autoridad de la regencia española. En Buenos Aires, el cabildo de la ciudad, reunido también en asamblea abierta, asumió el poder el 22 de mayo suplantando al virrey, y eligió una junta, ya el día 25, que afirmó su autoridad sobre todas las regiones del virreinato de Río de la Plata. Lo mismo sucedió, enseguida, en Santa Fe de Bogotá, en Santiago de Chile, en varias localidades del Alto Perú y en Quito. En México, el cura de Dolores, Miguel Hidalgo, proclamó el 15 de septiembre de 1810 la independencia del país –en nombre de Fernando VII, la virgen de Guadalupe, la religión y México– y desencadenó una amplia revolución popular indigenista y rural que se extendió por Guanajuato, Michoacán, Guadalajara y Zacatecas, y que contó con miles de partidarios armados.

Las juntas de 1810 expresaban, pues, la aparición de un nuevo orden político americano y anticipaban el colapso del poder español en el continente. Los planteamientos que los diputados americanos iban a formular enseguida en Cádiz nacían, así, desbordados por la nueva dinámica juntista que se desarrollaba en América. La junta de Gobierno de Caracas convocó un congreso nacional que el 5 de julio de 1811 proclamó la independencia de la

República de Venezuela. Quito proclamó la independencia el 4 de diciembre de 1811. En Nueva Granada, les siguieron Cartagena, Cundinamarca (la región de Bogotá, presidida por Antonio Nariño) y la confederación de Nueva Granada. Chile, por el *Reglamento constitucional de 1812*, y Buenos Aires afirmaron a su vez lo que era una verdadera soberanía de hecho: en el caso argentino, un congreso reunido en Tucumán a fines de 1815 proclamó finalmente la independencia de las Provincias Unidas del Río de la Plata el 9 de diciembre de 1816. En México, los españoles habían derrotado a Hidalgo en enero de 1811, en Puente Calderón. Pero otro cura, José María Morelos, acaudilló una nueva insurrección, esta vez en la región entre México y Acapulco: en 1813, convocó un congreso nacional en Chilpancingo, que proclamó la independencia; en 1814, promulgó la Constitución de Apatzingán.

El equilibrio de fuerzas no era, sin embargo, todavía favorable al independentismo. Perú, y buena parte del Alto Perú (la futura Bolivia), Centroamérica, Cuba y Puerto Rico habían permanecido fieles a España. Ello sirvió de base a la reacción española. El virrey de Perú, José Fernando de Abascal, restableció, en efecto, la autoridad en el territorio de la audiencia de Quito y acabó además, por un lado, con el ejército de la junta chilena que mandaba Bernardo O'Higgins, y por otro, con el ejército de Cundinamarca. Paralelamente, sus tropas sofocaron los focos insurreccionales del Alto Perú (Chuquisaca, La Paz); en junio de 1811, derrotaron en Huaquí a un ejército enviado por la junta de Buenos Aires, que había entrado en la región meses antes. En Venezuela, el proceso independentista encontró fuerte resistencia en provincias leales a España: Miranda, jefe del ejército independentista, capituló ante las tropas españolas de la zona en julio de 1812 (apresado por los españoles, moriría en prisión, en Cádiz, en 1816). El ejército de Bolívar, que continuó la lucha desde la vecina Nueva Granada y que en agosto de 1813 había llegado a ocupar Caracas, donde proclamó la Segunda República, fue aniquilado, en junio de 1814, por las tropas realistas del caudillo español de la región de Los Llanos, José Tomás Boves. En México, el carácter social de la rebelión de Hidalgo había resultado negativo para las aspiraciones independentistas: alarmó a las oligarquías criolla y peninsular y desencadenó una reacción contrarrevolucionaria que permitió a las autoridades virreinales aplastar el levantamiento. Morelos corrió la misma suerte que Hidalgo: fue derrotado y apresado en la acción de Temalaca (noviembre de 1815) y fusilado el 22 de diciembre de 1815. Dicho de otra forma: en 1815, tras la capitulación del ejército independentista venezolano (con Miranda preso en Cádiz y Bolívar huido a Jamaica), con la recuperación de Quito, Chile y Nueva Granada por el virrey Abascal y la reacción contrarrevolucionaria en México de las oligarquías criolla y peninsular, España había restablecido su poder (salvo en Río de la Plata −desmembrado, además, en tres Estados: Provincias Unidas, esto es, Argentina; Paraguay; y Banda Oriental, la futura Uruguay−, la única región que los españoles no habían intentado recuperar).

Restaurado en la plenitud de su poder en España tras el golpe de Estado de 4 de mayo de 1814, Fernando VII tuvo, pues, la ocasión de ofertar e impulsar un nuevo contrato colonial para los territorios americanos. No lo hizo. La opción tomada –la solución militar, el restablecimiento pleno del dominio español– fue un gran error, un desastre para España. La opción era prácticamente imposible: la quiebra financiera y política de la monarquía española hacía inviable el sostenimiento de una acción militar decisiva en América. En 1814, España carecía de recursos económicos y militares –barcos, soldados, munición, artillería...– para librar una guerra en un escenario como el americano, separado de las bases españolas por una distancia colosal y definido por una geografía inmanejable en términos militares. España dispondría en América de unos 45.000 soldados: la fuerza más numerosa que pudo enviar fue el Ejército Expedicionario de Tierra Firme, unos 10.000 hombres que bajo el mando del general Pablo Morillo llegaron a Venezuela en la primavera de 1815. La política militar de Fernando VII iba a resultar, de esa forma, catastrófica: de hecho, solo sirvió para galvanizar el independentismo.

La lucha por la independencia americana rebrotó en 1816-1817 y culminó victoriosamente en 1824. El triunfo fue obra ante todo del genio militar de Simón Bolívar (1783-1830) y José San Martín (1778-1830). San Martín, hijo de padre español y oficial en los ejércitos españoles en la guerra de Independencia, que en 1812 se incorporó a la lucha de la independencia argentina –un hombre alto, fuerte, reservado, abstemio, disciplinado y carente de ambición–, tuvo la intuición estratégica decisiva de la guerra: llevar el combate a Perú y Chile y golpear de esa forma el verdadero bastión del poder español en América. Bolívar, miembro de la acaudalada oligarquía caraqueña, un hombre de estatura mediana, delgado, de tez tostada, que vestía uniformes aparatosos, vanidoso, gran jinete, buen conversador, lector compulsivo, y un político y militar ambicioso, tenaz e implacable, dio a la causa independentista liderazgo, un mito heroico, dirección y objetivos políticos concretos, que esbozó en su *Carta de Jamaica* de 6 de septiembre de 1815: guerra hasta la victoria final, creación de diecisiete estados americanos.

Chile y Boyacá fueron, en efecto, los puntos de inflexión de la guerra: el equilibrio militar se inclinó a partir de ahí a favor de los ejércitos patriotas americanos. Con un ejército pequeño pero regular (de unos 7.500 hombres: argentinos y chilenos) que dirigió con gran acierto contra los puntos principales del poder español –tras partir de Mendoza y cruzar los Andes en enero de 1817, una hazaña inverosímil–, San Martín derrotó a los españoles en Chacabuco (12 de febrero de 1817) y Maipú (15 de abril de 1818), victorias que dieron la independencia a Chile, a cuyo frente quedaría, como Director Supremo, Bernardo O'Higgins. Bolívar que regresó a Venezuela al frente de una pequeña expedición militar en diciembre de 1816 con el objetivo inmediato, no logrado, de liberar Caracas y que, después, liberó el noreste del país y la región de la Guayana proclamando en Angostura, el 15 de febrero de 1819, el aún inexistente estado de Colombia (Venezuela, Nueva Granada, Quito)–, desplazó, por su parte, la guerra a Nueva Granada y, tras atravesar Los Llanos venezolanos, cruzar los Andes por un lugar también inverosímil (el páramo de Pisba, a cuatro mil metros de altitud) y aparecer, ya en agosto de 1819, al norte de Santa Fe de Bogotá, derrotó contundentemente en Boyacá, el 7 de agosto, a las tropas realistas (2.700 soldados, en su mayoría colombianos y venezolanos, esto es, no españoles). Bolívar entró triunfalmente en Bogotá. Las líneas españolas se derrumbaron prácticamente en todo el territorio de Nueva Granada (la futura Colombia).

Boyacá, concretamente, dio a Bolívar la superioridad militar en toda la muy rica región de Venezuela-Nueva Granada-Quito. Las posibilidades españolas eran ya, probablemente, si no nulas, decididamente escasas. El cambio que en España produjo el pronunciamiento militar de 1 de enero de 1820 del comandante Riego –el ejército, precisamente, destinado a América– debilitó obviamente la acción militar española y probablemente convenció a muchos americanos de que España carecía ya de autoridad y capacidad como estado. Significativamente, en noviembre de 1820 Morillo, el principal general español en América en ese momento, negoció con Bolívar una tregua de seis meses; regresó a España, convencido de la imposibilidad de la victoria. El restablecimiento por la revolución española de 1820 de la Constitución de Cádiz, que contemplaba la creación en todo el reino de provincias y ayuntamientos constitucionales, fue inútil. La Constitución de Cádiz no era ya, ni podía serlo (ni probablemente había podido serlo nunca), la respuesta al independentismo de América.

En cualquier caso, la ofensiva americana se reanudó pronto, en la primavera de 1821, una vez extinguido el periodo de tregua acordado en 1820. Con anterioridad, San Martín organizó en Chile una pequeña fuerza naval bajo el mando del marino escocés lord Thomas Cochrane, transportó por mar sus tropas a Perú (agosto de 1820) y, tras forzar a los españoles a evacuar Lima y replegarse hacia las sierras del interior, proclamó la independencia de Perú (28 de julio de 1821), del que se proclamó protector con plenos poderes políticos y militares. Bolívar, a su vez, replanteó la liberación de Venezuela, que logró gracias a la victoria de sus tropas (4.200 hombres de infantería y 2.400 de caballería) sobre las de La Torre (5.000 hombres) en la batalla de Carabobo, tras brillantes operaciones que mostraron la innegable capacidad militar del Libertador (que entró en Caracas el 29 de junio y asumió el cargo de presidente constitucional de la república de Colombia, a la que en 1822 se uniría Panamá, que le ofreció un congreso reunido en Cúcuta). Bolívar pensó ya en la liberación de toda la América española.

En México, Nueva España (6.122.534 habitantes en 1810), que abarcaba todo Centroamérica, la decepción que produjeron los cambios españoles de 1820, y en parte el miedo a que la situación derivase en una nueva revolución, decidió a las clases conservadoras del virreinato, y al virrey O'Donojú, a apoyar el proceso hacia la independencia, que se suponía se hacía en nombre de Fernando VII, impulsado por el general realista Agustín de Iturbide en 1821 tras pactar por el llamado plan de Iguala con los líderes de los focos de resistencia que habían subsistido tras la insurrección de Morelos. Iturbide entró en la capital mexicana el 27 de septiembre de 1821, formó una regencia, en la que se integró el propio O'Donojú, y declaró formalmente la independencia el 28 de septiembre de 1821.

Tras reunirse en Guayaquil el 26 de julio de 1822 con San Martín para analizar la situación y estudiar el futuro político de la América española (reunión cuyo sorprendente resultado fue la retirada de San Martín del escenario americano: murió en Boulogne-sur-Mer, Francia, en 1850), Bolívar planificó ya las operaciones militares que condujeron a la liberación definitiva de Quito, el interior de Perú y la región del Alto Perú. El 24 de mayo de 1822, el ejército de Sucre –unos 2.700 efectivos (colombianos, peruanos, argentinos, venezolanos, bolivianos...)– batió a las tropas españolas del general Aymerich en un violento combate a más de tres mil metros de altitud en las laderas del volcán Pichincha, victoria que dio a Sucre todo el territorio de la audiencia de Quito, incorporado a la gran Colombia de Bolívar, y que abrió a los ejércitos bolivarianos la ruta hacia Perú (donde Sucre entró en mayo de 1823, y donde el congreso proclamó presidente a Bolívar en 1824, pero en un clima de creciente desconfianza de los peruanos hacia las tropas "extranjeras" de Sucre y Bolívar, y de tensión por la presencia política de Bolívar en el país).

La liberación de Perú y del Alto Perú requirió, con todo, un último esfuerzo militar. Bolívar (7.900 soldados de infantería, 1.000 de caballería) derrotó el 6 de agosto de 1824 al ejército real del Perú mandado por José de Canterac (unos 5.000 hombres, de ellos 1.300 jinetes) junto al lago Junín, al norte de Lima, en un combate decidido por la caballería y librado solo con sables y lanzas. Sucre logró la victoria final cuando su ejército (6.879 soldados) derrotó cerca de Cuzco, en el valle de Ayacucho, a 2.752 metros de altitud, a las tropas de Canterac (unos diez mil hombres, de ellos unos siete mil indios peruanos y bolivarianos), causándoles unas dos mil bajas mortales y otros tantos prisioneros. Ayacucho destrozó la moral de combate de los ejércitos realistas (de los que solo quedó un pequeño reducto en el interior de la futura Bolivia al mando de Pedro Antonio de Olañeta, al que Sucre aniquiló en Tumusla, en abril de 1825): Sucre proclamó en La Paz la liberación del Alto Perú. Una asamblea nacional declaró la independencia el 6 de agosto de 1825 y adoptó el nombre de Bolivia, cuya presidencia asumió Sucre por decisión de Bolívar.

Salvo Cuba y Puerto Rico, toda la América española era ahora independiente: la zona española de Santo Domingo permaneció bajo dominio de Haití hasta 1844.

V

ESPAÑA 1808-1939:

LA DEBILIDAD DEL ESTADO NACIONAL

*E*spaña experimentó entre 1808 y 1840 una larga y profundísima crisis –ocupación francesa y guerra de Independencia; revolución gaditana, 1810-1812; reacción fernandina, 1814-1820; trienio constitucional, 1820-1823; década absolutista, 1823-1833; regencia de María Cristina y guerra carlista, 1833-1839–, que alteró radicalmente su realidad como nación: pérdida completa del poder naval (Trafalgar, 1805); guerra devastadora (1808-1813); pérdida del imperio americano (1810-1825); catastrófico reinado de Fernando VII, veinte años perdidos (1814-1833); guerra civil de casi siete años, 1833-1840 (unos 150.000 muertos en un país de trece millones de habitantes). Hacia 1840, España se había quedado prácticamente sin estado.

La España del siglo XIX iba a tener, como consecuencia, básicamente tres grandes problemas: la reconstrucción del estado, la revolución liberal, la estabilización de la política. El ejército emergió, según se irá viendo, como el verdadero instrumento del cambio político; el nuevo estado español, ahora ya un estado nacional, fue durante tiempo pequeño, débil e ineficiente (lo que no significa sin leyes, ni carente de principio de autoridad y de instrumentos de coacción).

España entre el liberalismo y la reacción: ese fue el tema de *España 1808-1939*, la gran obra del historiador

Raymond Carr, que apareció en 1966; o la debilidad del liberalismo en España, que Carr explicaba por ser la España del siglo XIX (para este autor, un país de aristocracia débil, generales políticos, especuladores, periodistas destacados y abogados) un país rural, con un setenta por ciento de analfabetismo, un poder civil frágil, y capital y tecnología pobres.

ESPAÑA EN EL SIGLO XIX: ENTRE LA REACCIÓN Y LA REVOLUCIÓN LIBERAL

La aprobación de la Constitución de 1812 tuvo así, ante todo, un valor moral. El absolutismo fue restaurado por el inmensamente popular Fernando VII en 1814. El regreso del rey puso inmediatamente de relieve, en efecto, la debilidad de aquello que los patriotas radicales de 1808 habían saludado como la revolución española. Esta no había sido resultado o de las ideas o del conflicto entre el poder (Carlos IV, Fernando VII) y la sociedad. Fue desencadenada –como vimos– por la invasión napoleónica y el levantamiento popular que le siguió. La revolución española de 1810 llevaba en su interior una contradicción insalvable: el divorcio entre la minoría liberal que, amparándose en el vacío de poder creado por la situación de guerra, logró reunir cortes y aprobar, en 1812, una constitución democrática –vigente solo en los territorios no ocupados por Francia, como Cádiz–, y la inmensa mayoría del país, que luchó en la guerra bajo el liderazgo espiritual del clero, en nombre de Fernando VII, prisionero de Napoleón, y de la religión católica.

Carente de apoyo social significativo, el liberalismo quedó abocado, tras la restauración del absolutismo, a la conspiración clandestina, instrumentalizada por sociedades secretas como la masonería, y a la hipotética sublevación de algún militar descontento. Sus posibilidades radicaron menos en su propia fuerza que en la debilidad del absolutismo fernandino: en la no existencia de un aparato estatal, militar y policial mínimamente operativo y en la ineficacia, corrupción y arbitrariedad de los gobiernos de Fernando VII, y del propio rey, incapaces entre 1814 y 1820 de dar una dirección coherente a la gobernación del país.

El orden constitucional fue así restaurado, si se recuerda, por el pronunciamiento de 1 de enero de 1820 del comandante Rafael del Riego, que se sublevó en Cádiz con parte de la tropa que debía embarcar con destino a América para combatir la insurrección antiespañola. El trienio constitucional (1820-1823) fue sin embargo decepcionante: el régimen constitucional naufragó primero, y cayó finalmente en 1823, por la acción combinada de la división de los liberales, la política destructiva del radicalismo extremista, la contrarrevolución popular (aparición de partidas armadas, intentos de golpe de estado realistas, proclamación de una regencia proabsolutista en Seo de Urgel...) y la intervención del ejército francés –un ejército de 65.000 hombres, más de la mitad voluntarios españoles– en apoyo de Fernando VII. Esta intervención ya la habían contemplado desde 1822 Austria, Rusia, Prusia y Francia, pero fue decisión francesa en última instancia –de la Francia borbónica restaurada en 1815, que había girado decididamente hacia el absolutismo desde

1821, deseosa ahora de recobrar su papel internacional en el concierto de las potencias europeas–, y no encontró prácticamente resistencia alguna, a diferencia de lo que ocurrió en 1808.

En octubre de 1823, Fernando VII anuló todo lo realizado por los liberales desde 1820; un ejército francés de ocupación con unos 45.000 hombres permaneció en España hasta 1828. En la nueva etapa absolutista (1823-1833), la "década ominosa", diez años de represión antiliberal y de control y censura política y cultural, se hicieron cosas: creación del consejo de ministros, implantación de los presupuestos anuales, nuevos servicios de diligencias, código de comercio, Colegio General Militar (Segovia), Bolsa de Madrid, que incluso abrieron divisiones en el régimen entre realistas exaltados o ultras y criptoliberales. El absolutismo fernandino, pese a ello, careció en todo momento de visión de estado y de dirección política clara y unívoca.

El liberalismo triunfó finalmente en España en 1833, a la muerte de Fernando VII. Pero no lo hizo ni por vía parlamentaria ni por vía revolucionaria. La clave fue el ejército, la victoria de las tropas liberales en la guerra civil de 1833-1839, la primera guerra carlista, que se desencadenó tras la muerte de Fernando VII a causa del pleito legal, político y sucesorio que se planteó tras el cuarto matrimonio del rey y el nacimiento en 1830 de su única hija, Isabel, a la que el rey designó para la sucesión, anulando los derechos al trono de su hermano Carlos María Isidro (don Carlos). El liberalismo triunfó por dos razones: porque la reina viuda, María Cristina, que ejerció la regencia durante la minoría de edad de

Isabel, llamó en 1833 a los liberales al poder en vista de que la sucesión era cuestionada por los partidarios de don Carlos; y porque el ejército apoyó la legalidad contra la insurrección carlista, que con fuerte apoyo del clero y base en importantes zonas rurales del país estalló en octubre de 1833, en nombre de la unidad católica de España y de los derechos del rey "legítimo", don Carlos.

Esto último tendría consecuencias importantes. La guerra, que no terminaría de hecho hasta julio de 1840, fue larga y dura (murieron en ella, como ya quedó dicho, en torno a 150.000 personas, en un país de trece millones de habitantes) e indecisa hasta 1837-1838. Precipitó a la España liberal –en cuyo interior nacería un primer sistema de partidos sobre la base de los partidos progresista y moderado– en un proceso político caótico e imprevisible: inestabilidad gubernamental endémica, distintos cambios constitucionales, gobiernos débiles y sin autoridad, conatos revolucionarios (el más grave: el golpe de estado de 1836 protagonizado por varios sargentos), desorden administrativo. La operación político-financiera más ambiciosa del nuevo régimen liberal, la desamortización eclesiástica del gobierno Mendizábal de 1835-1836, no pudo lograr, ni lejanamente, sus objetivos: reforzar al ejército en la guerra civil y sanear la hacienda de la España liberal.

La guerra selló, además, el compromiso entre el liberalismo y el ejército: prestigió a los militares y los desplazó hacia la política, puso en evidencia la debilidad del poder civil y extendió la convicción de que el régimen constitucional –apoyado en la excelente constitución progresista de 1837– necesitaba de alguna manera de la protección del ejército.

Cinco generales –los progresistas Espartero y Prim, los centristas Serrano y O'Donnell y el conservador Narváez– protagonizaron la vida política española entre 1840 y 1868. El general Espartero, el hombre clave en la victoria contra el carlismo, que ya había mediatizado el funcionamiento de los distintos gobiernos entre 1837 y 1840, asumió en este año la regencia del país, tras un golpe de estado contra María Cristina, y gobernó hasta 1843. Una sublevación encabezada por Narváez y O'Donnell liquidó la regencia de Espartero en 1843. Un pronunciamiento de militares moderados liberales (O'Donnell, Dulce y Serrano) llevó al poder en 1854 a Espartero y O'Donnell (que en 1856 prescindió de Espartero y asumió personalmente el gobierno). La revolución de 1868, preparada por los generales Prim y Serrano y el almirante Topete, derribó en 1868 la monarquía de Isabel II y dio paso a la primera experiencia democrática del país (1868-1874). Seis años después, otro pronunciamiento, este encabezado por el general Martínez Campos, restauró la monarquía en la figura de Alfonso XII, el hijo de Isabel II.

El ejército, en suma, y no la mecánica electoral y parlamentaria, se constituyó en el elemento esencial del cambio político a través del pronunciamiento. Se trataba todavía de un ejército y de unos militares no militaristas, que actuaban vinculados a los partidos políticos y desde una concepción semicivilista de la política. Ninguno de los pronunciamientos del siglo XIX dio paso a gobiernos militares. España tuvo siempre entre 1833 y 1923 formas constitucionales de gobierno. En su "gobierno largo"

(1858-1863), por ejemplo, O'Donnell buscó una fórmula nueva, que halló en la Unión Liberal, el partido gubernamental que creó desde arriba integrando a individualidades moderadas de los partidos históricos progresista y moderado. Como se acaba de indicar, el pronunciamiento militar de 1868 desembocó en una situación democrática y la Restauración de 1875 dio paso a un largo periodo liberal de casi cincuenta años. El problema de los pronunciamientos militares españoles del siglo XIX fue otro. La preponderancia militar legitimó el intervencionismo del ejército e hizo cristalizar una teoría nacional-militar que hacía de las fuerzas armadas la institución esencial del estado y de la nación, y la garantía última de la unidad del país. Esa fue la teoría precisamente que inspiró los golpes –anticonstitucionales y militaristas– de los generales Primo de Rivera en 1923 y Franco en 1936, que establecieron como resultado –ahora sí– regímenes militares y dictatoriales.

El poder militar fue fuerte en España porque el poder civil fue débil, como Jaime Balmes (1810-1848), el escritor católico catalán, escribió hacia 1840. Con sistemas electorales de sufragio restringido –iguales, conviene recordar, que los de toda Europa, incluida Gran Bretaña–, los partidos políticos españoles eran en el mejor de los casos coaliciones no estructuradas de personalidades y una reducida elite de notables. Pese a la pasión que la política provocaba en algunos círculos y ámbitos urbanos, el nivel de socialización de la política en las zonas rurales –el ochenta por ciento del país– fue por lo general muy bajo. La manipulación y la corrupción electorales se hicieron enseguida endémicas.

Dominados por el faccionalismo personal y el clientelismo político, ni los partidos ni el parlamento representaban la opinión del país: resultaron además, por lo menos durante el reinado de Isabel II (1833-1868), organismos débiles e ineficaces. Las constituciones españolas del XIX (el estatuto real de 1834, las constituciones de 1837 y 1845) crearon a su vez un poder ejecutivo dual rey/presidente del gobierno, que otorgaba a la corona, a la jefatura del estado, amplias prerrogativas. Eso era igual en buena parte de Europa. En España, Isabel II hizo un uso insensato y arbitrario de todo ello. El decidido intervencionismo de la reina en el juego político fue una de las causas de la altísima inestabilidad política del país (treinta y dos gobiernos entre 1840 y 1868). España era además, y por último, un país católico donde, pese a que el primer nacionalismo español había sido liberal (cortes de Cádiz de 1810, Constitución de 1812), el catolicismo aparecía como elemento inseparable de la nacionalidad. La España católica y la iglesia –cuyos intereses se vieron amenazados por la legislación antieclesiástica de los liberales, especialmente por la desamortización de Mendizábal, ya citada– mantuvieron en cualquier caso y salvo excepciones aisladas considerables reservas, si no abierta hostilidad, respecto del régimen liberal y hacia todo tipo de pensamiento laicista y moderno. El mundo católico combatió denodadamente, por ejemplo, el krausismo, una filosofía neokantiana alemana que tuvo notable difusión en la universidad española desde la década de 1850, por entender que las ideas krausistas (reforma moral del individuo y de la sociedad, escepticismo religioso, laicismo educativo, ética de la individualidad) negaban las doctrinas y los dogmas cristianos.

EL ESTADO MODERADO

De esa forma, entre 1845 y 1868, tras el pronunciamiento de Narváez en 1843 que puso fin a la regencia de Espartero, se produjo a impulsos del Partido Moderado, la derecha del liberalismo, una desviación conservadora y hasta neocatólica de la revolución liberal española. La constitución de 1845, impuesta tras la derogación del texto progresista de 1837, sustituyó el principio de soberanía nacional por el de soberanía compartida entre las cortes y el rey, reforzó el poder de la corona e hizo del catolicismo la religión oficial del estado: en 1851, un concordato con la Santa Sede devolvió a la iglesia el papel central en la sociedad que le había quitado la legislación laicista de la década de 1830. Aunque el sistema aceptó fórmulas de gobierno mesuradas y tolerantes –ya se dijo que O'Donnell gobernó entre 1858 y 1863 con la Unión Liberal, partido ecléctico que integraba elementos e ideas de la izquierda conservadora y de la derecha progresista–, el Partido Progresista quedó en la práctica excluido del poder y del régimen: entre 1845 y 1868, solo gobernó durante el llamado bienio constitucional, de 1854 a 1856.

El curso hacia el régimen parlamentario tuvo, pues, en España características propias: militares en la política, dualismo ejecutivo, intervencionismo de la corona, hegemonía del moderantismo. El régimen moderado español realizó una obra decisiva y permanente. Reforzó la construcción del estado moderno español y creó las condiciones para la transformación del país y la afirmación de la burguesía como clase y como poder social. Por debajo de la inestabilidad gubernamental y política que caracterizó todo el reinado de Isabel II hubo, pues, una revolución tranquila y lenta que cambió España. Se creó un sistema uniforme y centralizado de administración provincial y local. Se dotó al estado de un cuerpo paramilitar de represión eficaz y disciplinado, la Guardia Civil, creada en 1844. Se estableció un sistema nacional de educación secundaria y universitaria. Se regularizó y homogeneizó la administración de justicia, se codificó el derecho penal y se ordenaron los diversos procedimientos judiciales. Desde la década de 1850, comenzó a ponerse fin al desorden y arbitrariedad que presidían el acceso a las distintas categorías de funcionarios, creando o reformando los cuerpos profesionales para los diferentes organismos del estado (como correos, sanidad, cárceles, contabilidad y tesorería del estado, aduanas, profesores o inspección de hacienda). Se reconstruyó la marina, inexistente desde Trafalgar, y se reestructuró y modernizó (parcialmente) el ejército. España incluso reapareció en el ámbito internacional, sobre todo en la etapa de la Unión Liberal de O'Donnell (1858-1863), aunque lo hiciera de forma no sistemática e improvisada, y condicionada por Gran Bretaña y sobre todo por Francia.

En 1845, los moderados reformaron la hacienda y crearon el sistema tributario (contribuciones directas e indirectas) que iba a regir inalterado prácticamente hasta 1900. La desamortización, la venta de tierras expropiadas que inició Mendizábal en 1836 con las propiedades de la iglesia y que en 1855 se amplió a las propiedades comunales de los pueblos; la construcción de los ferrocarriles, que se inició en 1848, y los negocios coloniales de Cuba, Filipinas y Puerto Rico movieron miles de millones de pesetas y cimentaron el evidente enriquecimiento que se observó en el país entre 1840 y 1870. Entre 1855 y 1874, se construyeron unos seis mil kilómetros de ferrocarril gracias al capital extranjero, que también impulsó el primer despegue de la minería española. Merced al aumento del área de cultivo de la viña, el vino y el jerez se convirtieron en artículos básicos de las exportaciones españolas. Cataluña experimentó desde la década de 1830 una verdadera revolución industrial basada en el algodón. Entre 1856 y 1866, se crearon numerosos bancos: los negocios especulativos en la Bolsa y las inversiones en deuda del estado movilizaron cuantiosos capitales.

Madrid tuvo un notable desarrollo desde 1840. Diecisiete capitales de provincia duplicaron su población entre 1850 y 1880: el crecimiento de las ciudades y las obras que ello exigió (ensanches, traída de aguas, alcantarillados, viviendas, grandes mercados, mataderos, depósitos de gas y carbón, estaciones ferroviarias...) removieron las economías locales.

Los límites del cambio fueron, con todo, evidentes. El sistema fiscal siguió siendo conservador e ineficiente. La agricultura española era, a pesar de la desamortización, una agricultura atrasada y tradicional, y de muy baja productividad por hectárea. El latifundio ocupaba grandes extensiones, sobre todo en las regiones de la mitad sur del país (Andalucía, Extremadura...). Los procesos de urbanización fueron lentos. Hasta 1870-1890, el sector bancario era frágil y débil, y conoció crisis frecuentes y a menudo graves. La industria aparecía en exceso dependiente del capital y de la tecnología extranjeros y de la protección arancelaria. No hubo siderurgia moderna hasta la industrialización de Vizcaya, ya en la década de 1880.

España era, así, un país comparativamente atrasado. La nueva elite del poder –un núcleo de 6.000-8000 personas hacia la década de 1870: aristocracia, que perdió sus privilegios legales pero retuvo parte de su presencia formal, banqueros, empresarios, altos cargos militares o civiles y profesionales de éxito– no constituyó una burguesía fuerte y emprendedora. España crecía (la población pasó de 13,3 millones de habitantes en 1840 a 15,6 millones en 1860 y 18,5 millones en 1900), pero lo hacía a un ritmo más lento que el de otros países europeos. En la España de Isabel II coexistían de hecho una economía pobre, tradicional, estancada y de subsistencia –la España pintoresca de la imaginación romántica–, y una economía moderna, urbana y capitalista que tenía en las ciudades, Madrid y Barcelona ante todo, auténticas "islas de modernidad" como las llamó más tarde Ortega y Gasset (y cuyas clases medias, pequeña burguesía y clases populares retrató espléndidamente en sus novelas Benito Pérez Galdós, especialmente en *Fortunata y Jacinta*, *La de Bringas*, *Miau*, *Lo prohibido* y en las llamadas novelas de Torquemada, que escribió hacia 1880).

El estado isabelino se formó sobre un país desigualmente desarrollado y geográficamente mal integrado, donde la fuerza de la vida local seguía siendo considerable. Desde 1840 existía un orden administrativo y numerosos instrumentos para el ejercicio de las funciones del estado. Pero este era un estado pobre y débil. Sus servicios eran limitados, y el tamaño y atribuciones del gobierno central, al final de aquel reinado y aún mucho después, continuaban siendo pequeños, lo que favoreció la usurpación de sus funciones por el clientelismo y el patronazgo, y debilitó la vertebración territorial y nacional del país.

Cataluña vivió a partir de las décadas de 1830-1840 un verdadero renacimiento lingüístico, literario y cultural: la *Renaixença*, el resurgir de la nacionalidad catalana. Las provincias vascas retuvieron parcialmente hasta 1876 sus instituciones provinciales, los fueros, y fuertes sentimientos de identidad diferenciada sobre la base de mitos, leyendas literarias y estereotipos, y la exaltación de los fueros y la religión católica. Galicia tuvo también, desde 1840, su renacimiento *(Rexurdimento)* historiográfico y literario. Las ciudades eran en la España del XIX islas de modernidad, pero la España rural languidecía atrasada y desideologizada, bajo el peso de la costumbre y la autoridad de los notables locales y en muchos casos, de la iglesia.

La misma revolución democrática que, bajo el liderazgo del general Prim (1814-1870), derribó a Isabel II en 1868 terminó por ser, en palabras de Joaquín Costa, un simulacro de revolución. Desde luego, la revolución, que se dotó en 1869 de una excelente constitución y que inició una profunda renovación de la vida española (libertad religiosa y de enseñanza, sufragio universal, abolición de la pena de muerte y de la esclavitud, juicio por jurado, unificación de la moneda...), no supo crear un consenso político ni consolidar un sistema estable de partidos. El bloque revolucionario se dividió irreversiblemente tan pronto como se decidió, en noviembre de 1870, establecer una monarquía democrática en la persona de Amadeo de Saboya, una solución que, en síntesis, solo sirvió para resucitar el carlismo y reforzar el hasta entonces débil movimiento republicano.

Desde 1872, la guerra civil desencadenada por el carlismo volvió a ensangrentar el país, centrándose principalmente en el País Vasco. Una amplia y costosa insurrección nacional había estallado antes, en 1869, en Cuba. En 1873, tras la abdicación del honesto y decepcionado Amadeo, se proclamó la Primera República, un hecho extraordinario en un país donde el principio monárquico parecía haber sido, junto al catolicismo, uno de los pilares de la nacionalidad. La Primera República fracasó. Desbordada por las guerras carlista y colonial, y por insurrecciones de carácter federalista y revolucionario en Andalucía y Levante (la más consistente, la insurrección del "cantón" de Cartagena en julio de 1873), la república presenció la quiebra casi total de la autoridad del estado. Un golpe militar del general Pavía liquidó la situación en enero de 1874. Tras un año de interinidad en el que gobernó el general Serrano, el pronunciamiento del general Martínez Campos restauró la monarquía en la persona de Alfonso XII, el hijo de Isabel II.

LA ESPAÑA DE LA RESTAURACIÓN

La visión de España entre 1876 y 1923 quedó decisivamente condicionada por la definición que del régimen de la Restauración (1874-1923) hizo Joaquín Costa en 1902: "oligarquía y caciquismo". El mismo golpe de estado del general Primo de Rivera, el 13 de septiembre de 1923 –que liquidó de hecho la Restauración–, apareció, desde esa perspectiva, como el desenlace inevitable del fracaso de un régimen oligárquico, incapaz de modernizar y democratizar las estructuras últimas de la vida política (papel de la corona, elecciones, partidos, régimen parlamentario...).

La tesis de Costa tenía sin duda mucho de cierto. Pero hacía poca justicia a lo ocurrido en España desde 1876. El régimen de 1876, nacido tras la restauración de la monarquía a partir del pronunciamiento militar de Martínez Campos, pero obra sobre todo de Antonio Cánovas del Castillo, el gran político liberal-conservador, fue un régimen de concordia y libertad y un sistema comparativamente estable, que durante años pareció haber resuelto los grandes problemas del país: el intervencionismo de la corona, el militarismo, la falta de consenso constitucional, el uso exclusivista del poder. El país quedo, en efecto, pacificado tras la derrota del carlismo en 1876 y el fin, dos años después, de la guerra que había estallado en Cuba, como ya se ha mencionado, en 1868. La constitución de 1876, vigente hasta 1931, fue en principio conservadora: radicaba la soberanía en las cortes y en el rey, reconocía la religión católica como religión del estado y establecía un sufragio restringido. Pero fue suficientemente flexible como para incorporar en poco tiempo muchos principios democráticos: sufragio universal masculino (1890), juicio por jurado, culto privado de religiones no católicas. Cánovas logró crear un sistema bipartidista. El turno regular en el gobierno entre un partido conservador y un partido liberal definió la política española entre 1876 y 1913 y, aun con dificultades, hasta 1923. El comportamiento constitucional de Alfonso XII (1875-1885) y de su viuda María Cristina, regente entre 1885 y 1902, prestigió la monarquía, tras el descrédito que había supuesto el reinado de Isabel II (1833-1868). Los militares siguieron siendo un fuerte grupo de presión y el ejército aún muy sensible a toda crítica exterior; pero la estabilidad política hizo que los militares dejaran de ser, hasta 1923, el instrumento esencial de la acción y del cambio político.

La Restauración consiguió, así, crear en España las condiciones para impulsar un nada desdeñable proceso de modernización y desarrollo industrial que, a pesar de las graves crisis coyunturales y sectoriales, se prolongó hasta finales de la década de 1920. Este proceso tuvo sus principales centros en Cataluña, Vizcaya, Guipúzcoa y Asturias, y algunos sectores como banca, ferrocarriles, electricidad y minería conocieron un considerable desarrollo. Incluso aunque la agricultura siguiese teniendo un decisivo peso negativo en el desarrollo económico, se consolidó en Levante (cítricos) y en el área de Jerez (vinos) una nueva agricultura de exportación. El desarrollo económico, la mejora (por tímida que fuera) en las condiciones higiénicas y sanitarias, la ausencia de crisis demográficas graves –con la excepción de la gripe de 1918, que provocó la muerte de casi 150.000 personas– y el cese de las guerras civiles y coloniales (pues la guerra de Marruecos, que produjo unos 25.000 muertos entre 1907 y 1927, no fue en ese sentido significativa), hicieron que la población tuviera entre 1900 y 1930 un crecimiento sostenido, en contraste con la situación de estancamiento que se había producido entre 1860 y 1900. La población pasó de 18,6 millones en 1900 a 23,3 millones en 1930. La estructura demográfica de este último año reflejaba que España era ya una sociedad muy distinta a la del siglo XIX. En 1900, la población que vivía en centros de más de diez mil habitantes era el 32 por 100, solo tres ciudades (Madrid, Barcelona y Valencia) pasaban de doscientos mil habitantes y solo dos, Madrid y Barcelona, del medio millón. En 1930, el 42 por 100 de la población vivía en núcleos de más de diez mil habitantes, cuatro ciudades superaban los doscientos mil, once los cien mil, Barcelona pasaba del millón de habitantes y Madrid lo rozaba. En dicho año, la población agraria representaba todavía el 45,5 por 100 de la población activa española; pero el sector industrial suponía ya el 26,5 por 100 y los servicios, casi el 28 por 100.

Madrid (medio millón de habitantes en 1900, casi un millón en 1930) se transformó radicalmente. La ampliación de barrios elegantes y la construcción de edificios suntuarios, la apertura de hoteles modernos (Ritz y Palace, ambos en 1910-1914), el trazado de la Gran Vía (1910-1931), cambiaron su fisonomía: Madrid era ahora ante todo una ciudad comercial y bancaria. Los casi 150 edificios que se habían ido construyendo en el Ensanche central de Barcelona a partir de 1870-1880 (obra de Domènech i Montaner, Gaudí, Puch i Cadafalch y otros) constituían uno de los grandes conjuntos de la arquitectura modernista europea y revelaban el gran dinamismo económico y cultural de la ciudad. La población de Bilbao se duplicó entre 1900 y 1930. Grandes obras de encauzamiento, muelles y puentes transformaron su ría y su puerto, uno de los más activos de Europa. Los jesuitas abrieron allí en 1886 la universidad de Deusto. A partir de 1876, se construyó un magnífico Ensanche, con calles amplias y bien trazadas, plazas y zonas ajardinadas y edificios excelentes en torno a un eje principal (Gran Vía), centro de la intensa actividad bancaria y comercial de la villa en la que uno de los hombres del 98, Maeztu, veía a principios de siglo "la capital de la nueva España". San Sebastián y Santander se convirtieron desde los últimos años del siglo XIX en los centros del veraneo elegante de esa nueva España, en modernas ciudades turísticas. Tras plantearse en 1909 la idea de celebrar una Exposición Universal (que tuvo lugar finalmente en 1929), Sevilla se remozó completamente: se abrieron grandes avenidas, se construyó un nuevo puente y nuevos edificios como la plaza de España y el hotel Alfonso XIII, y se remodeló el barrio de Santa Cruz y parte del núcleo urbano cercano a la catedral. En los primeros treinta años del siglo, casi todas las ciudades españolas, por lo menos las capitales de provincia, aun en general modestas, incorporaron en mayor o menor grado muchos de los servicios y adelantos de la vida moderna (electricidad, gas, tranvías eléctricos, automóviles –cuya producción empezó en Barcelona en 1904–); Madrid, por ejemplo, dispuso de metro desde 1919.

Aunque la zarzuela y los toros siguieran apelando a la sensibilidad y gusto colectivos, la cultura española –una cultura liberal, no una cultura católica– vivió desde principios del siglo un espléndido resurgimiento –el reencuentro, si se quiere, de España con la modernidad–, plasmado en las llamadas generaciones del 98 (Unamuno, Baroja, Azorín, Machado, Valle-Inclán, el pintor Zuloaga), de 1914 (Ortega y Gasset, Marañón, Ramón Pérez de Ayala, Falla, Juan Ramón Jiménez) y del 27 (García Lorca, Buñuel y Dalí; Alberti, Guillén, Salinas, Cernuda, Gerardo Diego; Ernesto Halffter; los pintores reunidos de la Exposición de Artistas Ibéricos de 1925). Este despertar no fue resultado de la aparición de unas pocas personalidades extemporáneas y más o menos geniales, sino de un hecho social de considerable entidad, expresión de una sociedad en transformación, en el que E. R. Curtius, el historiador alemán de la literatura y las ideas, vería uno de los pocos hechos agradables de todo el siglo XX europeo.

Con el avance industrial, el movimiento obrero –que tuvo su partido político en el Partido Socialista Obrero Español creado en 1879 por Pablo Iglesias, pero que hasta 1900 no había llegado a cristalizar en organizaciones verdaderamente estables y eficaces– iba a adquirir fuerza e influencia antes desconocidas. Desde principios de siglo, la clase obrera industrial constituyó ya una realidad social de creciente importancia y peso en la vida laboral y política.

En Barcelona, las sociedades obreras y los sindicatos autonomos de inspiración anarquista y sindicalista crearon en 1907 Solidaridad Obrera, un organismo de unión sindical que se definió como apolítico, reivindicativo y favorable a la lucha revolucionaria de los sindicatos. De él nació en 1910, como sindical revolucionaria nacional, la Confederación Nacional del Trabajo (CNT). Ese mismo año, la Unión General de Trabajadores, la sindical socialista creada en 1888, cambió su organización interna sustituyendo las viejas sociedades gremiales y por oficio por sindicatos de industria, que adquirieron enseguida una considerable fuerza sindical. En 1911, el nacionalismo vasco creó Solidaridad de Obreros (luego, Trabajadores) Vascos, una organización sindical católica, moderada y estrictamente vasca. La iglesia dio por esos mismos años nuevo impulso al asociacionismo obrero católico: a partir de 1912, se crearon los Sindicatos Libres Católicos; en 1916, los círculos agrarios católicos se unieron en una gran Confederación Nacional Católico-Agraria (CONCA).

Como resultado, la sociedad española se familiarizó desde finales del siglo XIX con los conflictos y el lenguaje de clase. Los años 1899-1903 y 1910-1913 registraron amplios movimientos huelguísticos. En Vizcaya, los socialistas protagonizaron las grandes huelgas de los mineros de la provincia de los años 1903, 1906 y 1910. La Coruña, Sevilla, Gijón y sobre todo Barcelona sufrieron huelgas generales locales –por lo general, de inspiración anarquista– en los años 1901 y 1902. En 1911, se produjo un conato de huelga general revolucionaria en muchos puntos de España. En 1912 el gobierno (que presidía Canalejas) militarizó a los ferroviarios para impedir la huelga general de los ferrocarriles que se anunciaba. En 1913, una huelga minera de Riotinto estuvo a punto de derivar en una huelga general de toda la minería española. La legislación laboral –limitada, insuficiente, a menudo incumplida– comenzó a tomar cuerpo desde 1900. En ese año, por iniciativa del ministro conservador Eduardo Dato, se aprobaron la ley de Accidentes del Trabajo y la ley del Trabajo de Mujeres y Niños. En 1903, se creó, precisamente para impulsar la legislación social, un Instituto de Reformas Sociales. En 1904, se acordó el descanso dominical. En 1906, se reguló la inspección del trabajo y en 1908 se crearon tribunales industriales para dirimir los conflictos derivados de la aplicación de las leyes sociales. En 1909, el gobierno –que presidía Maura– aprobó una ley de huelgas y creó el Instituto Nacional de Previsión, que inició la gestión de las primeras (y durante mucho tiempo, escasas y reducidas) pensiones de vejez. En 1912, se prohibió (gobierno Canalejas) el trabajo nocturno de la mujer. En 1919, se estableció la jornada laboral de ocho horas.

Ciertamente, la España del primer tercio del siglo XX seguía siendo aún una España rural. El atraso respecto a la Europa más desarrollada no había desaparecido. Los salarios eran por lo general muy insuficientes; el empleo, irregular y precario; las condiciones de trabajo, muy duras; y el nivel de vida de las clases obreras y populares (vivienda, dieta, esperanza de vida, atención sanitaria, educación), crítico. La emigración exterior –a América y norte de África– se cifró en torno a los dos millones de personas para los años 1900-1920, y en 600.000 entre 1920 y 1930.

Los desequilibrios regionales incluso se agravaron tras el despegue industrial de algunas provincias. Cataluña, merced a su singularidad lingüística y cultural y a su gran dinamismo industrial y comercial, terminó por configurarse como una realidad social distinta. Desde principios de la década de 1890, el modernismo, que no fue solo una moda estética sino un movimiento integral (arquitectura, pintura, literatura, artes decorativas, gusto musical), renovó de raíz la vida cultural de la región. El *noucentisme* (novecentismo), tendencia y proyecto cultural que desde 1906 fue desplazando al modernismo y que tuvo en Eugeni d'Ors (1881-1954) su principal teorizador, incluso reforzó la visión particularista (y moderna) de Cataluña, identificada ahora con el clasicismo y la luminosidad del Mediterráneo. La industrialización, que conllevó la inmigración masiva de trabajadores de otras regiones de España, hizo de Vizcaya una sociedad industrial y de masas. El País Vasco, donde la modernización generó una nueva demanda social de cultura cuya mejor manifestación fue la nueva y excelente pintura vasca (Regoyos, Iturrino, Zuloaga, Arteta...), se definió desde entonces por un acusado pluralismo cultural y político, donde coexistían importantes manifestaciones de la cultura española (Unamuno, Baroja, Maeztu...) y una minoritaria pero renacida cultura euskaldún. En contraste, otras regiones como Galicia, Extremadura, Canarias, Aragón, Castilla la Vieja (sobre todo el antiguo reino de León), Castilla la Nueva –salvo Madrid– y Navarra sufrieron importantes pérdidas de población entre 1900 y 1930. Andalucía, asociada a latifundios, jornaleros sin tierra, atraso rural, paro estacional, hambre y analfabetismo, que en 1900 suponía el 19,1 por 100 del total de la población española y donde el 75 por 100 de la población activa se dedicaba, en esa fecha, a la agricultura, era el paradigma del problema agrario español. El viaje que en 1922 hizo a Las Hurdes, al norte de Cáceres, el rey Alfonso XIII acompañado por el doctor Marañón, reveló los grados extremos, sobrecogedores, que la pobreza alcanzaba en ciertos puntos de España.

El dualismo, pues, seguía definiendo a España. Con todo, la transformación experimentada fue extraordinaria. La misma España que en 1898 aparecía agotada y sin pulso y que perdía sus últimas colonias en la guerra con Estados Unidos, liquidaba victoriosamente poco después, en 1927, la guerra de Marruecos. La cultura española se asomaba a Europa. La pintura de Zuloaga, Sorolla y Sert logró un excepcional reconocimiento internacional y altísimas cotizaciones en todos los mercados del arte. La Junta para Ampliación de Estudios e Investigaciones Científicas, creada en 1907 bajo la presidencia de Santiago Ramón y Cajal, un conjunto de institutos, centros, museos, talleres y laboratorios (más la Residencia de Estudiantes establecida en 1910), revolucionó la investigación científica y experimental del país. Establecidos en Francia, Picasso, Juan Gris, Joan Miró, Julio González y enseguida Dalí, se convirtieron en piezas esenciales de la vanguardia europea. Falla estrenó, con éxito extraordinario, su ballet *El sombrero de tres picos* –con decorados y trajes de Picasso– en Londres en 1919, y *El amor brujo*, un éxito aún mayor, en París en 1925. *La Revista de Occidente* que Ortega y Gasset creó en 1923 fue una de las más prestigiosas revistas intelectuales europeas y su libro *La rebelión de las masas* (1930), un auténtico "best-seller" internacional. Tomada en su conjunto, la obra de Ortega (1883-1955) fue una sucesión de ideas sustantivas, de grandes incitaciones intelectuales: teoría de la circunstancia, verdad y perspectiva, vida como quehacer y realidad radical, razón vital, teoría de las generaciones, razón histórica, ideas y creencias, usos y vigencias sociales.

Desde los años de la Primera Guerra Mundial (1914-1918), España dejó de ser un país netamente agrario. En

1930, más de la mitad de la población trabajaba o en sectores industriales o en servicios. Solo el 34 por 100 vivía en núcleos de menos de cinco mil habitantes. La aristocracia había perdido incluso su presencia formal. El poder social se había desplazado –dentro de las clases altas– hacia los círculos industriales y financieros. Las formas de vida, la mentalidad dominante, las modas, el vestido, los ocios, los valores, respondían a los gustos y aspiraciones de las clases medias: el descenso constante de la población rural, el crecimiento de la población urbana, de los sectores industrial y de servicios, la formación de una sociedad profesional (expertos y profesionales en puestos relevantes de la burocracia del estado, y de industrias, empresas y bancos), el crecimiento considerable de las clases medias –en las que cabría incluir en 1930 a unos cuatro millones de españoles–, y el aumento de la población activa industrial, fueron los hechos más significativos de la vida social española entre 1900 y 1930.

Sería precisamente de la contradicción entre esa sociedad en transformación y las limitaciones del régimen de 1876 de donde nacerían en gran medida los nuevos problemas políticos de España.

Algunos de esos problemas –por ejemplo, la cuestión regional– ya habían hecho su aparición antes de 1898. Pero dado que, a corto plazo, la crisis del 98 (amplia insurrección armada antiespañola en Cuba y Filipinas desde 1895, intervención de Estados Unidos, guerra naval hispanonorteamericana, derrota total de España, pérdida de Cuba, Puerto Rico y Filipinas) no provocó cambios políticos sustanciales, pareció que el país había interiorizado la derrota con irresponsable indiferencia y alegre pasividad, y que carecía de voluntad política y reservas morales. Pero no fue así. Primero, el 98 provocó una profunda crisis de la conciencia nacional, una intensa reflexión sobre España y su significación en la historia, protagonizada por la generación del 98 y por algunos de sus epígonos, como Ortega y Gasset. Segundo, el 98 generó exigencias de cambio, de reformas, de regeneración, de europeización, por decirlo con las palabras entonces en boga, exigencias que tuvieron en Joaquín Costa a su primer portavoz (en escritos como *Reconstitución y europeización de España*, 1900 y *Oligarquía y caciquismo*, 1902), y en Ortega y Gasset a su teorizador más brillante ("La pedagogía social como programa político", 1910; *Vieja y nueva política*, 1914). Tercero, el 98 coincidió con la irrupción de los nacionalismos periféricos en la política española, hecho importantísimo que revelaba la mala vertebración territorial del estado y que haría de la reforma de éste uno de los hechos esenciales de la política española; y cuarto, el 98 decidió –a la vista del aislamiento en que España se había encontrado durante la guerra con Estados Unidos– una reactivación de la política exterior española, sobre la base de la aproximación a Francia y Gran Bretaña, el establecimiento de una relación especial con la América española, y el mantenimiento del *statu quo* en la región del Estrecho (lo que significó que España asumiría, junto con Francia, responsabilidades tutelares y militares en Marruecos).

El sistema de Cánovas, pese a todo, superó bien la derrota del 98. La monarquía no se desacreditó. Con Alfonso XIII, que advino al trono el 17 de mayo de 1902, un hombre a menudo imprudente y algo frívolo pero

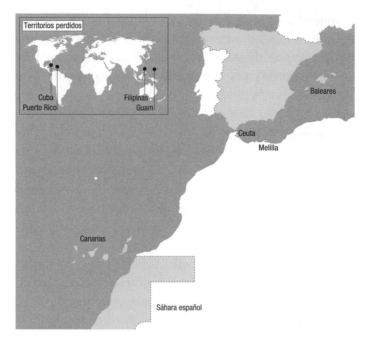

MAPA 1. España tras "el desastre" del 98.

inteligente y popular, la monarquía pareció incluso re-
novarse. Pese a la aparición de un nuevo republicanismo
(Partido Radical, de Lerroux, en 1908; Partido Reformista, de Melquíades Álvarez, en 1912), pese a la apuesta
republicana del socialismo español desde 1909, hasta
los años veinte los españoles no parecieron hacer del
cambio de régimen la clave de la regeneración nacional
(sino en todo caso de la erradicación del caciquismo y
de la moralización de la política). La cuestión a partir
del 98 fue precisamente ver si el régimen de 1876 era
o no capaz de evolucionar gradualmente –como otras

monarquías europeas– hacia un sistema constitucional y parlamentario verdaderamente democrático. Visto lo sucedido –golpe militar en 1923, caída de la monarquía en 1931–, cabría concluir que la evolución no fue, ni era, posible.

Pero las cosas fueron cuando menos complejas. Los movimientos declaradamente regeneracionistas habían fracasado para 1900, pero la política se impregnó de regeneracionismo. El Partido Liberal, que formó hasta siete gobiernos entre 1899 y 1907, incorporó a su programa la bandera del anticlericalismo –control de las órdenes religiosas, matrimonio civil, medidas secularizadoras en enseñanza y cementerios...– desde la convicción de que la regeneración nacional requería un menor papel de la iglesia y de las ideas católicas en la vida social española. Los conservadores entendieron mejor las razones del regeneracionismo. El gobierno Silvela (marzo de 1899 a octubre de 1900) inició la legislación social, creó los ministerios de Instrucción Pública, como parte de un gran esfuerzo educativo para rehacer el país, y de Agricultura, Industria y Comercio, esbozó proyectos de descentralización administrativa y procedió a una política presupuestaria de austeridad y reajustes, que trazó el ministro de Hacienda, Fernández Villaverde, decisiva para la estabilidad económica que se produjo tras el 98.

Bajo el liderazgo de Antonio Maura (1853-1925), que dirigió el partido desde finales de 1903 y que gobernó, primero en 1904, y luego entre enero de 1907 y octubre de 1909, el proyecto regeneracionista conservador se hizo aún más explícito y ambicioso. Maura encarnó en aquella coyuntura la posibilidad de una "revolución desde arriba" que, desde su perspectiva, equivalía a la creación de un estado fuerte y capaz de gobernar, que reformando la administración local terminase con el caciquismo y articulase la sociedad en partidos fuertes y apoyados en la opinión, que él pensaba era mayoritariamente conservadora y católica (y en Cataluña, catalanista).

Maura, que terminó fracasando (dimitiría como consecuencia de los sucesos de la semana trágica de Barcelona en julio de 1909: oleada de desórdenes contra el envío de tropas a Marruecos, donde España había ido progresivamente involucrándose desde 1906), cambió la política y obligó a cambiar al propio Partido Liberal (que, dirigido por José Canalejas, gobernaría entre 1910 y 1912 con programas, ideas, firmeza y resolución no inferiores a los de Maura: reducción de impuestos impopulares, sistema militar obligatorio, reestructuración de la financiación de los ayuntamientos, jornada máxima en las minas, prohibición del trabajo nocturno de la mujer...). Pero su propio vigor contribuyó a quebrantar el bipartidismo y a polarizar la vida política. Cuando en 1913 Maura se negó a seguir el "turno" con los liberales porque estos habían apoyado a la oposición antimonárquica en la crisis de 1909, el sistema quedó prácticamente roto. Desde 1914, la fragmentación del sistema de partidos fue total: la inestabilidad gubernamental se hizo endémica.

Los gobiernos de la monarquía fueron incapaces entre 1913 y 1923 de dar respuesta a los problemas del país. No supieron ni traducir en cambios permanentes el formidable enriquecimiento provocado por la neutralidad en la Primera Guerra Mundial (neutralidad debida más a la debilidad del país que a las convicciones ideológicas o morales de sus dirigentes), ni detener el proceso inflacionario desatado por aquella coyuntura, ni hacer frente al malestar laboral que se originó, ni dar respuesta a las crecientes demandas de los nacionalismos catalán y vasco. Peor aún, no supieron tranquilizar a un ejército crecientemente descontento por su situación económica, preocupado por la debilitación del poder civil y el deterioro del orden público, y al que la guerra de Marruecos había dotado de una nueva y agresiva mentalidad nacionalista. La estabilidad política y el consenso que se habían conseguido desde 1876 se vinieron abajo. En junio de 1917, oficiales del arma de Infantería hicieron público un manifiesto en que exigían la renovación del país; en julio, parlamentarios catalanes y republicanos trataron de reunir en Barcelona una asamblea constituyente; en agosto, los socialistas desencadenaron una huelga general para forzar la formación de un gobierno provisional y elecciones constituyentes. Más tarde, la gravísima situación socio-laboral (huelgas, atentados sociales) que vivió Barcelona desde 1919 y sobre todo, la tremenda derrota que el ejército sufrió en Marruecos en 1921 –que provocó fuertes tensiones entre el poder civil y el poder militar– terminaron con el sistema. Alfonso XIII aceptó el golpe de estado incruento que el general Primo de Rivera dio en septiembre de 1923, con la simpatía de buena parte del país.

Ese golpe de septiembre de 1923 –pacífico, blando, popular– terminó por ser un gravísimo error histórico. La caída de la dictadura en 1930 arrastró a la monarquía en 1931: la crisis de régimen desembocó enseguida en una verdadera crisis nacional. La dictadura de Primo de Rivera (1923-1930), que no fue una anormalidad –buena parte de Europa parecía haber entrado en la era de las dictaduras–, resultó, a su manera, regeneracionista: trazó un ambicioso plan de confederaciones hidrográficas y obras públicas, impulsó sensiblemente las comunicaciones y la electrificación del país, liquidó la guerra de Marruecos (1927), creó un primer sector público español, realizó importantes reformas económicas y reformó las relaciones laborales.

La dictadura gozó de un consenso generalizado hasta 1927. Fracasó, probablemente, porque intentó crear un sistema político propio –un régimen corporativo y autoritario– y porque naufragó ante la aparición, ya en 1929-1930, de un conjunto de problemas –políticos, militares, universitarios, económicos– que no supo resolver. La crisis galvanizó el republicanismo, prácticamente muerto en 1920 y unido ahora en el llamado Pacto de San Sebastián. El movimiento revolucionario promovido por la oposición republicana para diciembre de 1930 fracasó. Pero la represión gubernamental –ejecución de los capitanes Galán y García Hernández; procesamiento de los líderes republicanos (Alcalá Zamora, Largo Caballero, Miguel Maura, Lerroux...)– popularizó la causa republicana. La República fue proclamada el 14 de abril de 1931, tras unas elecciones municipales que adquirieron el carácter de un plebiscito adverso para la monarquía.

LA SEGUNDA REPÚBLICA

La caída de la monarquía y la proclamación de la Segunda República en abril de 1931 no fueron solamente un cambio de régimen. La República fue un gran momento histórico.

La coalición republicano-socialista que, bajo el liderazgo de Manuel Azaña (1880-1940), un intelectual de hondo sentido español pero de sensibilidad difícil y complicada, gobernó entre 1931 y 1933, inició un ambicioso programa de reformas de los que, desde su perspectiva, eran los grandes problemas de España. De acuerdo con la nueva constitución aprobada en diciembre de 1931, la República, o mejor Azaña –un hombre convencido de que solo la democracia podía cambiar España y aun la conciencia moral de los españoles– quiso, para ello, expropiar los latifundios y distribuir la tierra entre los campesinos; crear un nuevo ejército que fuera, ante todo, profesional y neutral en política; limitar la influencia de la iglesia católica, secularizar la vida social y promover una educación liberal y laica; y rectificar, paralelamente, la organización centralista del estado concediendo la autonomía a las regiones con lenguas y culturas diferenciadas –Cataluña, País Vasco, Galicia– en las que desde finales del siglo XIX habían surgido, como sabemos, importantes movimientos nacionalistas. Cataluña tuvo plena autonomía política desde 1932; la autonomía vasca fracasó (en el País Vasco no la hubo hasta octubre de 1936) pero básicamente, por la profunda división de los vascos en torno a la idea misma de nacionalidad vasca. La República hizo sin duda un gran esfuerzo educativo (habilitación de miles de escuelas y maestros, Misiones Pedagógicas, La Barraca) y cultural: Ortega y Marañón, Unamuno y Machado, García Lorca y Alberti, Sender, Max Aub y Miguel Hernández tuvieron en esos años un ascendiente cultural y público excepcional.

Los planes del gobierno dividieron profundamente la vida política y social. Las reformas provocaron la oposición y el rechazo de la opinión católica, de la iglesia, de los terratenientes y de muchos militares. La reorganización de la derecha (Acción Popular de Herrera Oria; la Confederación Española de Derechas Autónoma, CEDA, el partido de la derecha católica dirigido por Gil Robles; grupúsculos de extrema derecha; Renovación Española, el partido de la derecha monárquica; Falange Española, el fascismo español, creado por José Antonio Primo de Rivera, hijo del exdictador en 1933; la Comunión Tradicionalista) fue expresión de ello. La reforma agraria estuvo técnicamente mal concebida. En la disolución de los jesuitas o en la prohibición de la enseñanza a las órdenes religiosas –medidas contempladas en la constitución y aprobadas en el bienio social-azañista–, la República actuó con excesivo e innecesario sectarismo, que le alienó el apoyo de núcleos muy importantes de las clases medias urbanas y rurales.

La reforma territorial fue, por el contrario, indudablemente positiva, y la reforma militar, técnicamente excelente: Azaña la planteó, sin embargo, con poca habilidad política, dando pie a divisiones en el ejército. Las medidas del bienio azañista, que incluyeron además importantes reformas laborales impulsadas por el ministro de

Trabajo, el socialista Largo Caballero, y un ambicioso plan de obras hidráulicas preparado por el ministro de Obras Públicas, Indalecio Prieto, también socialista, no fueron, por otra parte, suficientes para satisfacer la revolución de expectativas en las clases trabajadoras y el campesinado: los sindicatos anarco-sindicalistas de la Confederación General del Trabajo (CNT) desencadenaron una verdadera ofensiva revolucionaria contra el gobierno, prácticamente desde el verano de 1931 (oleada de huelgas generales locales, conatos insurreccionales violentos en enero de 1932, enero de 1933 y diciembre de 1933).

La República no logró, pues, la estabilización de la política. El general Sanjurjo promovió un intento de golpe de estado −absurdo y disparatado, y por ello, fracasado inmediatamente− en agosto de 1932. Las elecciones de 1933 −en las que la CEDA, el partido católico, fue el más votado− marcaron un significativo giro del país a la derecha. La CEDA, un partido divorciado del espíritu de la República, se convirtió, así, en la clave del poder en los años 1934 y 1935, un "bienio negro" en el que una buena parte de la legislación aprobada en 1931-1933 fue rectificada en sentido conservador. La izquierda no supo asimilar la derrota de 1933. Ante el temor (o con el pretexto) de que la CEDA pudiese representar un fascismo a la española, el Partido Socialista Obrero Español, la principal fuerza de la izquierda, optó por la insurrección. La revolución socialista, desencadenada en octubre de 1934, que tuvo su epicentro en Asturias −y que fracasó, provocó cientos de muertos y dejó a varios miles de personas en la cárcel−, lesionó seriamente la legitimidad del régimen republicano. Cuando en febrero de 1936 la izquierda, unida en el Frente Popular encabezado por Azaña y Prieto, ganó las elecciones, un grupo de militares derechistas empezó a organizar la conspiración. Tras una primavera trágicamente conflictiva (desórdenes públicos continuos, asesinatos políticos, huelgas, destitución del presidente de la República Alcalá Zamora, asesinato de uno de los principales líderes de la oposición, José Calvo Sotelo), el golpe de estado militar –preparado desde meses antes– estalló de forma general el 18 de julio de 1936 (aunque algunos oficiales se habían sublevado en el norte de África el día anterior). La división del país y del propio ejército precipitó la Guerra Civil.

LA GUERRA CIVIL

La Guerra Civil fue un hecho español. Azaña mismo señaló que la discordia interna de la clase media y, en general, de la burguesía española –profundamente dividida por razones religiosas y sociales– fue el origen último de la guerra. Estaba en lo cierto. Se levantó solo una parte del ejército. Los militares, dirigidos por los generales Franco, Sanjurjo, Mola y Queipo de Llano, se sublevaron por varias razones: porque aducían que la República era un régimen sin legitimidad política; porque entendían que la concesión de autonomía a las regiones (de hecho, en julio de 1936 solo se había concedido la autonomía a Cataluña) era una amenaza a la unidad de España; porque pensaban que las huelgas y los desórdenes revelaban

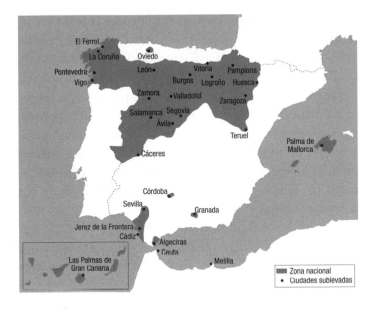

El Ferrol
La Coruña
Oviedo
Pontevedra
Vigo
León
Vitoria
Pamplona
Burgos Logroño Huesca
Zamora
Valladolid
Zaragoza
Salamanca Segovia
Ávila
Teruel
Palma de Mallorca
Cáceres
Córdoba
Sevilla
Granada
Jerez de la Frontera
Cádiz
Algeciras
Ceuta
Las Palmas de Gran Canaria
Melilla

■■ Zona nacional
● Ciudades sublevadas

MAPA 2. Empieza la Guerra Civil: julio de 1936.

la falta de autoridad de la democracia; porque considéraban que la legislación republicana atacaba la esencia católica de España. Los militares sublevados creyeron que el golpe de estado triunfaría de forma inmediata. Se equivocaron: desencadenaron una devastadora guerra civil de tres años.

La sublevación militar triunfó solo en una parte de España. Fracasó en Madrid, en Cataluña, en Levante, en las provincias marítimas del norte, en el centro-sur del país, en gran parte de Andalucía y de Aragón. De los 31.000 oficiales que el ejército español tenía en 1935, se sublevaron unos 14.000; y unos 8.500 permanecieron leales a la República (el resto sufrió distinta suerte), que retuvo además gran parte de la aviación y de la marina. Lo que dio a la Guerra Civil española la significación que conmocionó la imaginación romántica de la izquierda europea, lo que hizo de aquella la épica idealizada de la resistencia popular y proletaria contra la agresión del fascismo, fue la naturaleza misma de la respuesta popular al golpe de estado: la sublevación militar desencadenó en la zona republicana un verdadero proceso revolucionario de la clase trabajadora, bajo la dirección de los partidos obreros y de los sindicatos.

Pero la guerra, aun siendo un hecho español, se internacionalizó desde el primer momento. Franco pudo trasladar su ejército de África a la Península en los días inmediatamente posteriores a la sublevación, gracias a la ayuda alemana e italiana. Los esfuerzos (no demasiado consistentes) de Gran Bretaña y Francia por imponer la no-intervención internacional en España y localizar así el conflicto, fracasaron. Alemania e Italia reconocieron a Franco en noviembre de 1936. Alemania envió en ese mismo mes la Legión Cóndor, compuesta por un centenar de aviones con pilotos y mandos alemanes, y enviaría, además, a unos cinco mil asesores a lo largo de toda la guerra. Italia mandó unos 70.000 soldados, que entraron en combate a partir de enero de 1937. La URSS puso al servicio de la República unos dos mil asesores (instructores, aviadores, artilleros, etcétera); el total de alistados en las Brigadas Internacionales, fuerzas de voluntarios en su inmensa mayoría comunistas que lucharon al lado de la República, fue de unos 60.000 hombres. Franco recibió unos 1.200 aviones alemanes e italianos, y unos 350 tanques; la República, 1.300 aviones (aunque nunca pudo hacer pleno uso de ellos) y 900 tanques, casi todos de la Unión Soviética (ayuda que tuvo consecuencias decisivas en la zona republicana: propició la progresiva penetración de los comunistas, liderados por José Díaz y Dolores Ibárruri, con una política que anteponía la victoria en la guerra a cualquier otra consideración, incluida la revolución obrera de los primeros meses). La guerra de columnas y milicias del verano de 1936 iba a convertirse en una guerra total entre dos ejércitos cada vez mejor equipados y más numerosos, unos 500.000 soldados por cada bando en la primavera de 1937. La artillería y la aviación –con bombardeos sobre poblaciones civiles– cobrarían desde entonces, según los frentes, la misma importancia que la infantería.

La guerra, en efecto, duró tres años. Costó 300.000 vidas (la mayoría, en torno a 175.000, en el frente, pero unas 90.000 en la represión en las retaguardias de ambas zonas: unas 60.000 en la zona "nacional" en los años de la guerra, unas 30.000 en la zona republicana), devastó casi doscientos núcleos urbanos y destruyó la mitad del material ferroviario y una tercera parte de la ganadería y de la marina mercante.

El objetivo inicial de las tropas rebeldes fue Madrid, objeto de diversas ofensivas rebeldes (avance de columnas nacionales desde Andalucía y Extremadura, intento de asalto frontal por la Casa de Campo y la Ciudad Universitaria, batallas de la carretera de La Coruña y del Jarama) entre octubre de 1936 y marzo de 1937, objetivo fallido al hilo del cual la resistencia de Madrid reforzó la leyenda del antifascismo español. Franco, nombrado el 1 de octubre de 1936, por la plana mayor de la sublevación, jefe del gobierno y del estado de la España "nacional", y generalísimo de sus ejércitos, llevó luego con acierto estratégico la guerra al norte, primero al País Vasco (Guernica fue bombardeada por aviones alemanes el 26 de abril de 1937, un hecho que conmocionó a la opinión internacional), a continuación a Santander –cuya conquista se demoró por la brillante ofensiva republicana sobre Brunete, en el frente de Madrid– y finalmente a Asturias, que tomó en octubre de 1937. Tras durísimos combates, ya a finales de 1937 y principios de 1938 en torno a Teruel, el ejército rebelde avanzó, en la primavera de 1938, por el Ebro hacia el Mediterráneo, operación que partió en dos el territorio republicano. Fracasado el brillante contraataque republicano en el río Ebro en julio de 1938, en lo que se transformó en la batalla más larga y dura de la guerra –batalla que destrozó la moral y la capacidad operativa del ejército republicano–, Franco ocupó Cataluña (enero de 1939) y finalmente Madrid, donde sus tropas entraron el 28 de marzo de 1939.

La República perdió la guerra, probablemente, en los seis primeros meses. El equilibrio inicial le fue favorable. Retuvo la España industrial, el País Vasco (salvo Álava), Cataluña, buena parte de la marina y de la aviación. Pero el proceso revolucionario desencadenado hizo que la República no tuviera un ejército verdaderamente operativo hasta la primavera de 1937. Las brillantes operaciones republicanas de Brunete y el Ebro pudieron haber cambiado la guerra a favor de la República: los ejércitos

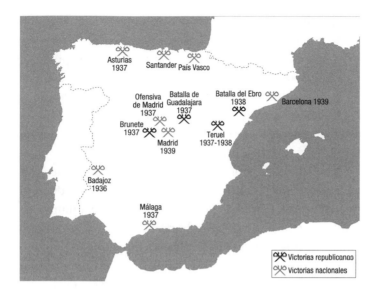

MAPA 3. Las batallas decisivas de la Guerra Civil.

republicanos, sin embargo, no supieron explotar debidamente las ventajas tácticas que lograron inicialmente; Franco supo reaccionar a tiempo, contener a su enemigo y restablecer el equilibrio.

La ayuda extranjera a Franco fue probablemente menos decisiva de lo que la propaganda antifascista dijo; pero tuvo importancia –militar, internacional–incalculable y, por momentos, ciertamente determinante. Franco tuvo la superioridad aérea prácticamente desde Brunete, en julio de 1937. La calidad de sus mandos intermedios y la moral de sus tropas fueron probablemente superiores a las de las fuerzas republicanas. Franco impuso la unidad política de la zona "nacional" desde abril de

1937, con el decreto de unificación que integró a toda la derecha en el Movimiento Nacional. La República, mientras tanto, se debatió entre graves dilemas políticos e ideológicos (o ganar la guerra o hacer la revolución) y en torno a distintas fórmulas de gobierno: o gobiernos de unidad o gobiernos de amplia concentración; hubo, así, tres gobiernos republicanos entre 1936 y 1939: los de Giral, Largo Caballero y Negrín.

Con Cataluña paralizada por el dualismo de poder Generalitat / milicias antifascistas creado desde julio de 1936 por la propia respuesta revolucionaria al levantamiento militar, y con Euskadi constituida desde octubre de 1936 en región autónoma con ejército y planteamientos militares propios bajo control del gobierno vasco (que presidió José Antonio Aguirre), la República careció, en buena medida, de unidad militar. La política de resistencia a ultranza del último gobierno Negrín y del Partido Comunista –política que negaba toda posibilidad de paz negociada, aunque ya se consideraba imposible ganar la guerra–, dividió a la República: el 4 marzo de 1939, el jefe del ejército del centro republicano, el teniente-coronel Casado, abandonista y anticomunista, se sublevó contra Negrín y formó un consejo nacional de defensa, con socialistas, republicanos y anarquistas, para negociar con Franco: Madrid fue escenario de violentos combates entre tropas de Casado y tropas leales al gobierno Negrín, en los que murieron unas dos mil personas.

Por sus características, por sus implicaciones nacionales e internacionales, por el clima moral existente cuando estalló, por el resultado final (triunfo de Franco, dictadura, ejecuciones: cerca de cincuenta mil personas fueron ejecutadas en la España de Franco en los años 1939-1945; trescientas mil sufrieron penas de cárcel y otras tantas se exiliaron de forma permanente), la Guerra Civil española, que tuvo profundas connotaciones ideológicas y políticas y cuya causa última –como en el caso de otras guerras civiles– fue la división moral del país, dejó una memoria trágica, el recuerdo de un horror incomprensible y probablemente innecesario e inútil. El historiador Jover Zamora la definiría como una verdadera crisis de civilización.

Pensando en España, Orwell le dijo en cierta ocasión a Koestler: "la historia se paró en 1936".

VI

DE LA DICTADURA
A LA DEMOCRACIA

*L*a victoria del ejército nacional en la Guerra Civil de 1936-1939 dio paso a la dictadura del general Francisco Franco (1893-1975), un militar formado en la guerra de Marruecos, un hombre de escasa estatura, inexpresivo, desconfiado, prudente, conservador y católico, obsesionado por el comunismo y la masonería. Basado en las ideas fascistas de Falange Española, en el pensamiento de la iglesia y en los principios de orden, autoridad y unidad de los militares, el régimen de Franco fue una dictadura personal, el arquetipo de régimen autoritario: totalitario y filofascista, y alineado con la Alemania de Hitler y la Italia de Mussolini entre 1939 y 1945; católico y anticomunista desde 1945-1950 al hilo de la Guerra Fría; tecnocrático y desarrollista desde 1957-1960.

Instalada en la Europa de Hitler –España no entró en la Segunda Guerra Mundial pero mandó la División Azul a Rusia en 1941–, España vio desde 1939 la creación de un estado nacional-sindicalista, la oficialización de los rituales fascistas de la Falange, la recatolización de España (derogación del divorcio, retorno de los jesuitas, penalización del aborto, censura eclesiástica, consagración de España a la causa católica), la afirmación del Movimiento como partido único y la adopción de políticas económicas basadas en la autarquía y el control estatal. Tras la derrota del Eje en 1945, el régimen de Franco fue definiéndose como una monarquía social y representativa, como una democracia orgánica. Franco, que usó numerosos gobiernos a lo largo de la dictadura, retuvo siempre todo el poder: las jefaturas del estado y del gobierno, la jefatura del Movimiento, la capacidad legislativa, el mando de las fuerzas armadas. Las cortes, creadas en 1942, fueron concebidas como un órgano de colaboración, no de control del gobierno. Eran designadas, no elegidas: carecían de funciones legislativas. La dictadura prohibió partidos políticos, movimientos nacionalistas, sindicatos, huelgas y manifestaciones y controló, a través de la censura y las consignas, la prensa y la radio. Unas cincuenta mil personas fueron ejecutadas entre 1939 y 1945.

El régimen franquista, autárquico y nacionalista, creó un fuerte sector público. Estatalizó ferrocarriles, minas, teléfonos, la distribución de gasolina y el transporte aéreo. Para impulsar la industrialización, en 1941 creó el Instituto Nacional de Industria que entre 1941 y 1957 construyó fábricas y empresas de aluminio y nitratos, industrias químicas, astilleros, grandes siderurgias, refinerías y fábricas de camiones y automóviles. El régimen impulsó las obras públicas (pantanos, centrales térmicas). Controló precios y salarios y el comercio exterior. Integró desde 1940 a trabajadores y empresarios en la Organización Sindical, los "sindicatos verticales" del estado; y creó un modesto sistema de seguros sociales de tipo asistencial y paternalista.

El coste que todo ello supuso para España fue, sin embargo, muy elevado. La autarquía tuvo costes desmesurados y se hizo a costa de un proceso inflacionario alto.

La política agraria del primer franquismo fue un desastre: 1939-1942 fueron años de hambre. La reconstrucción de lo destruido durante la guerra fue solo aceptable. La producción, pese al esfuerzo inversor del estado, no alcanzó el nivel de 1936 hasta 1951. Pese a que desde ese mismo año la liberalización del comercio exterior y de los precios mejoró sensiblemente los resultados económicos, en 1960 España era uno de los países más pobres de Europa. La derrota del Eje nazi-fascista en la guerra mundial dejó, además, al país en una situación dificilísima. La ONU rechazó (junio de 1945) la admisión de España. Francia cerró la frontera. El 12 de diciembre de 1946, la asamblea de la ONU votó una declaración de condena del régimen español y recomendó la ruptura de relaciones con él, resolución que la comunidad internacional, con pocas excepciones (Argentina, Portugal), comenzó a cumplir de inmediato.

El régimen de Franco sobrevivió, con todo, a las dificultades que él mismo había provocado. Los pequeños focos guerrilleros que habían quedado de la guerra en algunas regiones aisladas del país solo pudieron provocar alguna acción menor y esporádica, y fueron diezmados por la represión. La acción internacional contra Franco, que culminó en la decisión de la ONU de 1946, no fue eficaz a la larga: Franco movilizó al país en su apoyo frente a aquella "conjura" internacional. La invasión guerrillera por el valle de Arán preparada por los comunistas en el otoño de 1944 no consiguió sus objetivos y fue abandonada en 1948.

Desde 1945, Franco hizo cambios que dieron una fachada más aceptable a su régimen: promulgó el fuero de los Españoles y la ley de Referéndum, aprobó una amnistía parcial, suprimió el saludo fascista y evacuó Tánger, que había ocupado en 1940. La ley de Sucesión (26 de julio de 1947), aprobada en referéndum, definió a España como reino y como un estado "católico, social y representativo", e inició un lento proceso, nunca completo, de desfalangización e institucionalización del sistema, que continuó con la ley del Movimiento (1958) –que hacía de éste una *comunión* de "familias" del régimen–, la ley Orgánica del Estado (1966) y el nombramiento en 1969 del príncipe Juan Carlos como sucesor de Franco. La política exterior –ayuda del Vaticano, pacto "ibérico" con Portugal, Hispanidad (la comunidad entre España y la América española que el franquismo elevó a política de estado), amistad con los países árabes–, dirigida entre 1945 y 1957 por Alberto Martín Artajo, buscó ahora la homologación internacional. La Guerra Fría, que revalorizó al régimen de Franco ante Estados Unidos y propició la aproximación hispano-estadounidense, y no la labor de la diplomacia española, fue, con todo, el hecho esencial. España pagó un precio altísimo: por los acuerdos de septiembre de 1953, cedió a Estados Unidos bases militares en Torrejón, Zaragoza, Morón y Rota; Estados Unidos concedió a España una sustanciosa ayuda económica (en torno a mil millones de dólares). El 15 de diciembre de 1955 la ONU aprobó el ingreso de España.

La España de Franco fue, pues, desde 1955 una nación reconocida por la comunidad internacional. Pero nunca tuvo legitimidad democrática. Aunque no llegara a amenazar al régimen, malestar lo hubo siempre. Antes de 1956, se trató de hechos ocasionales y esporádicos (huelga en la ría de Bilbao en mayo de 1947, boicot a los tranvías en Barcelona en marzo de 1951...). En febrero de 1956 se produjeron las primeras muestras graves de descontento contra el régimen desde la Guerra Civil, protestas callejeras protagonizadas por estudiantes de la universidad de Madrid. En abril, España daba precipitadamente la independencia al Marruecos español, forzada por la decisión previa francesa de retirarse del Marruecos francés. En octubre, la inflación, el déficit exterior y la pérdida masiva de reservas de divisas extranjeras crearon la situación de crisis económica más grave desde el fin de la guerra. Entre 1956 y 1958, las huelgas y protestas contra la carestía de la vida se extendieron por el País Vasco, Asturias, Cataluña y Madrid (si bien la huelga general que, a la vista de la situación, convocó desde la clandestinidad el Partido Comunista para el 8 de junio de 1959 fue un total fracaso).

España cambió en la década de 1960. La clave fue el plan de estabilización de julio de 1959, elaborado por un equipo de jóvenes economistas al servicio de la presidencia del gobierno, un modelo ortodoxo de estabilización —devaluación de la peseta, reducción de la circulación fiduciaria, elevación de los tipos de interés, liberalización de importaciones, congelación del gasto público, créditos extranjeros—, y una apuesta por la liberalización de la economía española que rectificaba todo lo que el régimen había hecho desde 1939.

Estabilización y liberalización provocaron, en efecto, el despegue económico. Los años del desarrollo (1960-1973), pilotados por gobiernos con fuerte presencia de ministros del Opus Dei, hicieron de España un país industrial y urbano. Grandes migraciones transformaron su estructura demográfica: cuatro millones de personas dejaron las zonas rurales entre 1960 y 1970, casi la mitad para irse a Europa. En 1960, hubo seis millones de turistas; en 1975, treinta millones: el turismo cambió la economía de muchas zonas costeras, y los hábitos y comportamientos de los españoles. La producción y uso de automóviles y electrodomésticos creció de forma espectacular. Aun con periodos de avances y retrocesos, y repuntes inflacionarios, entre 1961 y 1964 la economía española creció a una media anual del 8,7 por 100, y del 5,6 por 100 entre 1966 y 1971. En 1970, tres de cada cuatro asalariados trabajaban ya en la industria y los servicios, y solo el uno de cada cuatro lo hacía en la agricultura. En 1975, en torno al 75 por 100 de la población (30,4 millones en 1960; 33,7 millones en 1970) vivía en ciudades de más de diez mil habitantes. En 1960, solo cuatro de cada cien hogares españoles tenían automóvil, y uno de cada cien televisor. En 1975, los tenían el 40 y el 85 por 100, respectivamente. El número de estudiantes universitarios pasó de 87.600 en 1962 a más de un cuarto de millón en 1971-1972.

El "milagro español" tuvo graves contrapartidas: estancamiento de la agricultura, fuertes desequilibrios regionales (pese a la creación de "polos" de desarrollo regional), elevado éxodo rural, sector público ineficiente y deficitario, graves insuficiencias de tipo asistencial (a pesar de la creación de la Seguridad Social en 1964), horrores urbanísticos en las zonas turísticas y en las grandes ciudades, desastres ecológicos, hacinamiento de la población industrial en barriadas carentes de servicios (en Madrid, Barcelona, Bilbao...). Pero España había superado la barrera del subdesarrollo. En 1971 era el cuarto país del mundo en construcción naval; la primera empresa española era una empresa de fabricación de automóviles, SEAT. La renta per cápita que en 1960 era de trescientos dólares, se había multiplicado por ocho en 1975.

La década del desarrollo vio, como contrapartida, la reaparición de la conflictividad. Los estudiantes e intelectuales se rebelaron en demanda de libertades y derechos democráticos. Los trabajadores, a cuya movilización contribuiría la aparición a partir de 1960 de nuevos sindicatos clandestinos de oposición, y ante todo de Comisiones Obreras, bajo creciente influencia del Partido Comunista desde 1964, reclamaron libertades sindicales y derecho de huelga. Aunque estuvieron siempre prohibidas, hubo ya 77 huelgas en 1963, 484 en 1965 y 1.595 en 1970. En Cataluña, donde la lengua y la cultura propias habían mantenido de alguna forma la conciencia de identidad catalana, el joven Jordi Pujol y el impresor Francesc Pinzón fueron procesados en 1960 por organizar una campaña contra una visita de Franco. El abad de Montserrat, Aureli Escarré, fue expulsado de España en 1965 por unas declaraciones contra el régimen en el diario *Le Monde*. Ciento treinta sacerdotes protagonizaron una "marcha contra la tortura" en las calles de Barcelona en 1966. Varios partidos de la oposición clandestina formaron en 1971 una asamblea de Catalunya, como organismo unitario de lucha contra el régimen.

La aparición en 1959 en el País Vasco de ETA, una organización independentista y marxistizante que desde 1968 recurrió al terrorismo como forma de lucha armada por la liberación nacional vasca, rompió la paz de Franco; 47 personas, entre ellas el número dos del régimen, el almirante Carrero Blanco, murieron víctimas de acciones de ETA entre 1968 y 1975. ETA protagonizó secuestros espectaculares, y multitud de atracos y atentados. La dictadura declaró el estado de excepción en el País Vasco en seis ocasiones entre 1968 y 1975. Veintisiete etarras murieron en enfrentamientos con la policía en esos años. Centenares de personas fueron encarceladas por colaboración con el grupo armado. Dieciséis miembros de la organización, entre ellos dos sacerdotes, fueron procesados en Burgos, y algunos condenados a muerte (aunque indultados), en medio nuevamente de amplias protestas internacionales, y de huelgas y desórdenes en la propia España.

La iglesia, en cuyo interior habían ido germinando disidencias y protestas (denuncias de curas vascos y catalanes por la situación de opresión cultural en sus respectivas regiones; apoyo de algunos obispos y sacerdotes a organizaciones obreras católicas independientes e incluso a Comisiones Obreras; diálogo con el marxismo de teólogos como Díez Alegría o González Ruiz...), fue, por último, divorciándose del régimen de Franco, sobre todo desde el Concilio Vaticano II en 1964 y al hilo de la renovación de la jerarquía episcopal española llevada a cabo entre 1964 y 1974 por los nuncios Riberi y Dadaglio, que culminó con el nombramiento como arzobispo de Madrid (1969) y presidente de la Asamblea Episcopal de monseñor Vicente Enrique Tarancón, un liberal muy próximo al papa Pablo VI y decidido partidario de la ruptura de la iglesia con el franquismo. En

1969, el obispo de Bilbao se negó a que se procesara a varios sacerdotes vascos acusados de complicidad con la organización ETA. Los obispos vascos pidieron clemencia para los acusados en el juicio de Burgos de 1970. En 1971, la Asamblea Episcopal pidió perdón por la parcialidad con que la iglesia había actuado durante la Guerra Civil. La contradicción entre una sociedad en vías de modernización y un régimen político autoritario y de poder personal se hizo, así, manifiesta. Escindido entre "aperturismo" e "inmovilismo", el franquismo, que tuvo en esos años a su hombre fuerte en el almirante Carrero Blanco, entró en crisis a partir de 1969. El crecimiento económico siguió a un muy fuerte ritmo en los años 1970-1975. España firmó un acuerdo preferencial con la Comunidad Europea en 1970 y estableció después relaciones diplomáticas incluso con países comunistas (Alemania del Este, China). Pero el continuismo institucional que Franco y Carrero Blanco quisieron proyectar en los últimos años del régimen era cuando menos problemático: la naturaleza del régimen debilitaba su propia autoridad política y moral ante los conflictos, y amenazaba su propia estabilidad. En 1970 hubo un total de 1.595 huelgas; en 1974, cerca de 2.000 y en 1975, más de 800, aunque nunca fue un derecho legal. Varios obreros murieron en algunos de aquellos conflictos en choques con la policía. El juicio que en diciembre de 1970 tuvo lugar en Burgos contra 16 militantes de ETA provocó violentas protestas en toda Europa: ETA lanzó una fuerte ofensiva terrorista en 1971-1973, y mató en diciembre de 1973 al propio presidente del gobierno y pieza clave del régimen, Carrero Blanco.

La apertura prometida en febrero de 1974 por el último gobierno del franquismo, encabezado por Arias Navarro (1974-1975), promesa que galvanizó la política del país –y permitió la acción pública de la oposición moderada y una considerable libertad de prensa–, fue un fracaso: no hubo democratización del régimen, no hubo legalización de "asociaciones" políticas como paso hacia un régimen de partidos. En marzo de 1974 fue ejecutado un joven anarquista acusado de terrorismo, Salvador Puig Antich. Una bomba de ETA mató en Madrid, en septiembre de 1974, a once personas. El 27 de septiembre de 1975 fueron ejecutados, en medio de la indignación internacional, dos militantes de ETA y tres del FRAP, un grupo de extrema izquierda aparecido en 1973 que había atentado contra varios policías. La evolución del franquismo hacia la democracia era imposible.

LA TRANSICIÓN A LA DEMOCRACIA

La muerte de Franco, el 20 de noviembre de 1975, permitió la transición de España a la democracia. Posibilitada por el desarrollo económico de los años 1960-1974, la crisis del franquismo desde 1969, la necesidad de la nueva monarquía de liberarse de su origen franquista y dotarse de legitimidad propia y democrática, y el contexto internacional –caídas de las dictaduras portuguesa y griega, apoyo de Europa a una España democrática–, la transición española fue especialmente significativa.

En España se acertó en lo sustancial: en el hombre, Adolfo Suárez (un político procedente del franquismo, un hombre joven, con innegable atractivo político y personal, que supo entender muy bien el clima moral del país a favor de la democracia y, con el apoyo del nuevo rey, resolver la transición con audacia, decisión y desenvoltura sorprendentes); y en el procedimiento, reforma (y no ruptura) desde la propia legalidad franquista. La transición creó un nuevo consenso histórico en el país, que se configuró (Constitución de 1978) como una monarquía democrática y como un estado autonómico que confería un alto grado de autogobierno a regiones y nacionalidades (esto es: Cataluña, País Vasco y Galicia); y a pesar del terrorismo de la organización vasca ETA (unos ochocientos muertos entre 1975 y 2000), la democracia española cristalizó en un régimen estable y plural y en una de las economías más dinámicas de Europa.

España celebró sus primeras elecciones democráticas desde 1936 en junio de 1977. La izquierda, prohibida y reprimida durante los cuarenta años de la dictadura de Franco, llegó al poder en octubre de 1982. España se incorporó a la Comunidad Europea en junio de 1985.

La transición a la democracia no fue, sin embargo, en ningún caso ni fácil ni lineal. El proceso tuvo mucho de improvisado, y su desenlace dependió en todo momento de muchos factores y circunstancias. El comienzo de la transición, la etapa en que gobernó el gobierno continuista de Arias Navarro, último jefe de gobierno con Franco al que el rey Juan Carlos se vio forzado a ratificar en el cargo al asumir la corona, fue decepcionante. ETA mató en atentados entre 1975 y 1980 a un total de 236 personas. El 24 de enero de 1977, pistoleros de la extrema derecha asesinaron en Madrid a cinco abogados laboralistas próximos al Partido Comunista. El ejército vio con considerable reserva durante estos años el proceso hacia la democracia.

El rey Juan Carlos y su círculo de asesores impulsaron la evolución hacia una monarquía constitucional y democrática, proceso que se aceleró, en efecto, con el nombramiento de Suárez como presidente del gobierno en julio de 1976, tras la decepción que fue el periodo continuista de Arias Navarro entre noviembre de 1975 y julio de 1976. La gestión de Suárez –que permaneció al frente del gobierno, con distintos gabinetes, y ganó las elecciones de 1977 y 1979– fue ciertamente decisiva. Suárez empezó por plantear una reforma política, para la que logró el asentimiento de las propias cortes franquistas, respaldado por el referéndum popular celebrado el 15 de diciembre de 1976 en apoyo de su reforma política –reforma en buena medida diseñada por Torcuato Fernández Miranda, otro prohombre del franquismo, presidente de las cortes a la muerte de Franco y, en su día, uno de los preceptores del entonces príncipe Juan Carlos–; a continuación, legalizó los partidos políticos y los sindicatos (incluido el Partido Comunista, con gran malestar de los militares), en abril de 1977; liberó a todos los presos políticos del franquismo, convocó elecciones constituyentes (15 de junio de 1977) que ganó creando un heterogéneo partido de centro, la Unión de Centro Democrático, y logró un amplio consenso político con la oposición (Partido Socialista Obrero Español, Partido Comunista, partidos nacionalistas catalanes y vascos) en torno a las dos cuestiones entonces fundamentales: la economía y la Constitución.

Los pactos de la Moncloa del 27 de octubre de 1977 –un acuerdo entre el gobierno, los sindicatos mayoritarios y los partidos, equivalente a un plan de estabilización para combatir la inflación y el paro, reducir el gasto público, devaluar la moneda, limitar los aumentos salariales y acometer la reforma y liberalización de la economía, preparado por el vicepresidente del gobierno, el economista Enrique Fuentes Quintana– fueron providenciales. Como toda Europa, España experimentó una muy grave crisis económica desde 1974-1975. Con una inflación en 1977 del 24,5 por 100, una deuda exterior para 1973-1977 de doce mil millones de dólares, la economía en recesión y el paro en aumento constante, la democracia parecía seriamente amenazada. El PIB pasó de crecer el 5,7 por 100 en 1974 a crecer apenas dos décimas en 1977 y a decrecer medio punto porcentual en 1982. Entre 1974 y 1984 se destruyeron un total de 2,2 millones de puestos de trabajo; se pasó de 367.000 parados en 1974 a 832.000 en 1977. Los pactos de la Moncloa, cuyos efectos paliativos empezaron a percibirse pronto, propiciaron así la estabilidad económica que la implantación de la nueva democracia española requería.

La Constitución de 1978, aprobada por el senado y el congreso el 31 de octubre y por los españoles en referéndum el 6 de diciembre de ese año, configuró, como ya se ha dicho, una monarquía parlamentaria y un estado autonómico con nacionalidades y regiones autónomas (de las que se formaron en los años siguientes hasta un total de diecisiete, más las ciudades de Ceuta y Melilla), cuyo derecho a la autonomía quedaba de esa forma garantizado. La Constitución, consensuada por todas las fuerzas políticas y elaborada por una ponencia de personalidades notables (Peces Barba, Roca i

MAPA 1. Las regiones autónomas tras la Constitución de 1978.

Junyent, Solé Tura, Cisneros, Pérez-Llorca, Herrero de Miñón, Fraga Iribarne) reconocía y garantizaba todas las libertades democráticas, los partidos políticos y los sindicatos, abolía la pena de muerte, fijaba la mayoría de edad en los dieciocho años, diseñaba un estado aconfesional pero reconocía el significado de la iglesia católica en la historia española, legalizaba el divorcio y reconocía la libertad de empresa y la economía de mercado. España se redefinía, en suma, como un estado social y democrático de derecho, como una democracia plena y avanzada.

Suárez logró, además, unos acuerdos especiales para Cataluña, donde en 1977 restableció la Generalitat, el régimen histórico catalán reconocido por la Segunda República y abolido por Franco, a cuyo frente puso al presidente de Cataluña en el exilio, Josep Tarradellas, que regresó triunfalmente a su región en octubre de aquel año. Solo tropezó en el País Vasco –pese a que también allí se estableció a finales de 1977 un régimen de preautonomía– debido al efecto combinado de tres realidades: la violencia de ETA, cuyas acciones terroristas alcanzaron su máxima violencia en 1979-1980; los planteamientos maximalistas del nacionalismo vasco histórico, el Partido Nacionalista Vasco (PNV) –a cuyo frente apareció un nuevo liderazgo cuya personalidad más destacada fue Xavier Arzallus–, que no votó la Constitución porque en ella no se reconocía la soberanía vasca; y la espinosa cuestión de la relación entre el País Vasco y Navarra, provincia que a partir de 1977 optó por separarse del País Vasco, como ya ocurriera en los años de la Segunda República, y constituirse como comunidad autónoma (foral) propia.

Pese a la decepción de los que habían querido una más profunda ruptura con el franquismo, pese a la crisis económica, pese a la presión terrorista de ETA y de algunos grupos de la extrema derecha, la democracia española estaba en marcha. Los estatutos de autonomía vasco y catalán fueron aprobados en octubre de 1979. En marzo de 1980 se celebraron elecciones autonómicas en ambas regiones: en Cataluña, donde venció el nacionalismo moderado liderado por Jordi Pujol, y en el País Vasco, con triunfo del PNV. Los gobiernos vasco y catalán quedaron ya formalmente constituidos en abril, presididos respectivamente por Carlos Garaicoetxea, del PNV, y Jordi Pujol, el líder de Convergencia i Unió. Galicia tuvo estatuto de autonomía en 1980 y elecciones regionales y gobierno gallego en octubre de 1981, elecciones que ganó la derecha española, Alianza Popular, y gobierno que presidió Gerardo Fernández Albor. Tras un complicado proceso hacia la autonomía, Andalucía celebró sus primeras elecciones autonómicas en mayo de 1982, las cuales supusieron una gran victoria del PSOE, por lo que su líder en la región, Rafael Escuredo, formó así el primer gobierno andaluz de la historia.

Todo ello suponía un cambio radical, una profunda reestructuración del poder político y territorial en España. La democracia, en efecto, se consolidaba. Suárez dimitió el 29 de enero de 1981. La joven democracia española superó sin problemas la caída del hombre clave de la transición, el hombre que (y esto fue lo más importante) derrotó el intento de golpe de estado que se había producido el 23 de febrero de 1981, encabezado por el teniente general de la Guardia Civil, Antonio Tejero, y el capitán general de la región de Valencia, el general Miláns del Bosch. Suárez, todavía presidente en funciones, y su vicepresidente, el general Gutiérrez Mellado, se enfrentaron con valor admirable a los guardias civiles armados que habían penetrado en el propio edificio de las cortes; muchos observadores situaron el detonante de este intento de golpe de estado en el terrorismo de ETA. El rey Juan Carlos actuó con decisión para detener el golpe. Al rey, a sus asesores y a altos mandos del ejército y de los cuerpos de seguridad, se debió el mantenimiento de la disciplina militar: ninguna de las otras regiones militares secundó a Valencia. Millones de personas se movilizaron en toda España contra el golpe y en defensa de la democracia en las gigantescas manifestaciones que, como respuesta, se celebraron en los días posteriores al 23 de febrero.

Normalizada la situación durante la etapa de gobierno de Leopoldo Calvo Sotelo (1981-1982), que sucedió a Suárez al frente del ejecutivo, la sociedad española asumió ya sin dificultad alguna el retorno de la izquierda al poder –por primera vez desde la Guerra Civil–, que se produjo tras la histórica victoria de los socialistas, dirigidos por Felipe González y Alfonso Guerra, en las elecciones de octubre de 1982, en las que el PSOE logró diez millones de votos (Alianza Popular, el segundo partido, 5,4 millones de votos y UCD, 1,4 millones) y 202 de los 350 escaños del Congreso.

La larga etapa de gobierno socialista (1982-1996), consolidada con las nuevas victorias electorales que el partido, con Felipe González al frente, logró en 1986, 1989 y 1993, tuvo importancia extraordinaria. Suárez, como acabamos de ver, restableció la democracia, aprobó la Constitución e inició el proceso autonómico. Calvo Sotelo recuperó la normalidad política tras el intento de golpe de 23 de febrero de 1981, pactó con el PSOE la racionalización del proceso autonómico –y bajo su mandato se aprobaron los estatutos de autonomía de Galicia, Asturias, Cantabria, Andalucía, La Rioja, Murcia, Comunidad Valenciana, Aragón, Castilla-La Mancha, Canarias y Navarra– y definió la "transición exterior" con la entrada en la OTAN, decidida por su gobierno en mayo de 1982, decisión que alineó inequívocamente a España en el mundo occidental.

Pues bien, entre 1982 y 1996, Felipe González y los socialistas –que tuvieron que hacer frente a grandes desafíos inmediatos: el declive de las industrias tradicionales, como siderurgia, minería y construcción naval, y el desempleo, cercano en 1982 al 20 por 100, y que ratificar en referéndum el mencionado ingreso del país en la OTAN– propiciaron la entrada de España en Europa, la reconversión industrial, la reforma militar, la modernización de las infraestructuras del país, la terminación del estado autonómico, la recuperación del papel internacional de España y varios años (1985-1991 y 1993-1996) de fuerte crecimiento económico. Muy al principio de su mandato, habían procedido, además, a liquidar la prensa y los medios de información públicos, herencia del franquismo, y a despenalizar (1983) varios supuestos de aborto recogidos en el código penal. Muy pronto también acometieron reformas para reforzar el derecho a la educación primaria y secundaria pública y cambiar la estructura y funcionamiento de la universidad.

Su gestión fue, pues, amplísima y, sin duda, determinante. En efecto, pese a las numerosas huelgas y disturbios laborales que sus medidas desencadenaron, los socialistas llevaron a cabo –para combatir la crisis económica– una dura política de ajuste económico y acometieron la reconversión industrial del envejecido y deficitario sector público creado por el franquismo, reconversión que afectó sobre todo a los sectores siderúrgico y minero y a la construcción naval. Apostaron abiertamente por la liberalización de la economía e iniciaron el desmantelamiento y privatización del INI, el gran *holding* de empresas públicas del estado. En la lucha contra ETA –otro de los grandes problemas, como sabemos, de la nueva democracia española–, los socialistas lograron, primero, la colaboración decidida de Francia.

Buscaron luego la distensión con el PNV: entre 1987 y 1996, el País Vasco autónomo estuvo gobernado por gobiernos de coalición PNV-Partido Socialista de Euskadi, presididos por el nacionalista Ardanza. En 1998, tras haber explorado antes, manteniendo conversaciones en Argelia con los líderes de ETA, la posibilidad de algún acuerdo con la organización, impulsaron la firma de pactos políticos (pactos de Madrid, Ajuria-Enea y Pamplona) con todas las fuerzas políticas democráticas para reafirmar el compromiso de la democracia española en la lucha contra el terrorismo. La policía logró, además, éxitos notables como la detención en marzo de 1992 en el sur de Francia de la "cúpula" de la organización (Francisco Múgica Garmendia, José L. Álvarez Santacristina, José Arregui Erostarbe), si bien ETA asesinó entre 1982 y 1996 a cerca de trescientas personas y cometió algunos de los atentados más sanguinarios de su historia durante esos años, con la colocación de coches-bomba en una plaza de Madrid en julio de 1986 (doce muertos), en un supermercado de Barcelona en junio de 1987 (quince muertos) y en los cuarteles de la Guardia Civil de Zaragoza ese mismo año (once muertos) y Vic en mayo de 1991 (nueve muertos).

La política exterior socialista fue especialmente ambiciosa. Antes de 1982, los ministros de Exteriores Areilza (ministro en la etapa Arias, 1975-76) y Oreja (ministro con Suárez, 1976-80) habían ido normalizando las relaciones diplomáticas con casi todos los países del mundo y habían contribuido decisivamente al restablecimiento del crédito internacional de España, seriamente dañado durante los años de la dictadura de Franco. Con todo, Suárez, no obstante la labor de su ministro Oreja, y pese a haber iniciado en 1977 el proceso de incorporación de España a Europa, expresó muchas dudas acerca de un eventual ingreso de España en la OTAN y se sintió particularmente cómodo con los países del llamado "Tercer Mundo" y no-alineados. Su sucesor, Calvo Sotelo y su ministro de Exteriores, Pérez-Llorca, fueron, ya lo hemos visto, decididamente atlantistas y europeístas y llevaron a España a la OTAN en mayo de 1982. González –y sus equipos ministeriales– fueron mucho más lejos: trataron de definir los principios permanentes de la política exterior española, fijar el "sitio" internacional de España, materializar el nuevo sistema exterior español. La política exterior global española definida a partir de 1982 supuso, de esa forma, la integración en Europa y en la OTAN, la universalización de las relaciones exteriores del país, relaciones especiales con Marruecos y Portugal, cooperación también especial y privilegiada con América Latina, atención particular al área mediterránea, relación equilibrada de ayuda económica y defensa mutua con los Estados Unidos, y replanteamiento del tema de Gibraltar negociando con Gran Bretaña. España firmó el tratado de adhesión a la Comunidad Europea el 12 de junio de 1985.

España encontraba así su papel en el mundo y resolvía un problema que parecía arrastrar desde 1898. El ingreso en la OTAN tenía un valor adicional: venía a dar al ejército la misión exterior de que carecía en la práctica, desde que España perdiera definitivamente su imperio en 1898 y desde que en 1956 finalizase el protectorado colonial sobre Marruecos. Ello se completó con la reforma militar llevada a cabo por el gobierno socialista y por su ministro de Defensa, Narcís Serra –titular entre 1982 y 1991– que amplió y culminó la "transición militar" iniciada en la etapa Suárez por el vicepresidente para Asuntos de la Defensa y ministro de Defensa entre 1977 y 1979, el general Gutiérrez Mellado (tras él vendrían Rodríguez Sahagún y Alberto Oliart, primeros civiles a cargo del ejército). Entre 1977 y 1982, se unificaron los ministerios militares del franquismo (Aire, Marina y Ejército) en un único ministerio de Defensa, se institucionalizó la figura de los jefes de estado mayor de las distintas armas y se aprobó una primera ley de bases de la defensa nacional. Entre 1984 y 1992, en la etapa socialista, se reformaron las plantillas de los tres ejércitos, se reformó el código penal militar, se diseñó un nuevo Plan Estratégico Conjunto, se reformaron las leyes del régimen del personal militar y del servicio militar y, ya en 1992, se aprobó una nueva Directiva de Defensa Nacional.

Todo ello significó la vertebración de las fuerzas armadas bajo la dirección política del gobierno y la reestructuración en profundidad de los tres ejércitos, sobre la base de la reducción de sus oficiales y plantillas, la progresiva profesionalización de sus efectivos, la renovación y modernización de equipamientos y material bélico y cambios sustanciales en los objetivos de la defensa. En 1992, el ejército español tenía 58.000 oficiales y suboficiales y 200.000 soldados, la mitad de ellos profesionales, un cambio radical con respecto al de 1975. En 1991, España había participado con una fragata y dos corbetas en la guerra del Golfo, la guerra contra Irak aprobada por la ONU como respuesta a la ocupación de Kuwait, y en la que intervinieron un total de veintinueve países bajo el mando de Estados Unidos, Gran Bretaña, Francia y Arabia Saudita.

Estabilidad democrática, pactos de la Moncloa, reconversión industrial y entrada en Europa terminaron por dar sus frutos. La reactivación económica del país empezó a ser evidente a partir de 1985 y se prolongó hasta 1991, años en los que España pareció convertirse en una de las economías y de las sociedades más dinámicas de Europa. Entre 1986 y 1990, el PIB creció a una media del 4,5 por 100 anual. La inversión extranjera entre 1986 y 1991 alcanzó los 60 billones de dólares. La red de autopistas y autovías cuatriplicó su extensión en siete años; el parque de automóviles pasó de 9,2 millones en 1985 a casi 14 millones en 1994. En abril de 1992 se inauguró un modernísimo tren de alta velocidad, AVE, entre Madrid y Sevilla, una de las grandes obras de infraestructura de la etapa socialista. El número de turistas que visitaron España pasó de 43 a 52 millones entre 1985 y 1990. La ola de prosperidad permitió, además, extender considerablemente las prestaciones sociales. Entre 1982 y 1992, el gasto público en pensiones, sanidad y educación aumentó en 4,1 puntos del PIB y, asimismo, aumentaron notablemente el subsidio de desempleo y las pensiones de jubilación. España, diría en 1987 el ministro de Economía Carlos Solchaga, era "uno de los países donde más y más rápido se puede ganar dinero".

En ese contexto, el triunfo en las elecciones de 1996 de la derecha, del Partido Popular –nacido de la refundación en 1987 de Alianza Popular y liderado desde 1989 por José María Aznar– tuvo, como el de los socialistas en 1982, importancia extraordinaria. El triunfo fue posibilitado por el desgaste del PSOE tras su larga etapa de gobierno, por la ralentización del crecimiento tras la grave crisis económica que el país sufrió entre 1991 y 1993 y, sobre todo, por los escándalos de corrupción y lucha sucia contra ETA que enturbiaron la gestión de los últimos gobiernos socialistas: denuncias sobre financiación ilegal del PSOE, apropiación de dinero de fondos reservados por el director de la Guardia Civil y otros altos cargos de Interior, sospechas de implicación del gobernador del Banco de España en negocios bursátiles particulares, asesinato de 28 personas relacionadas con ETA entre 1983 y 1987 por parte del GAL, un grupo armado posiblemente relacionado con los servicios secretos españoles; hallazgo de los cadáveres de dos etarras muertos, tal vez por torturas; grandes escándalos financieros, denuncias contra el CESID, el centro de inteligencia de Defensa, por escuchas ilegales a políticos, empresarios, periodistas e incluso al propio rey. La importancia del triunfo del PP en 1996 estaba ante todo en su significación: representaba, simplemente, la alternancia política natural en una democracia consolidada.

El cambio de 1996 fue, así, un cambio político no traumático. Aznar y el Partido Popular, que gobernaron entre 1996 y 2004 –tras volver a ganar las elecciones en 2000, esta vez por mayoría absoluta– dieron estabilidad a la acción del gobierno, mantuvieron (mejoraron, de hecho) el crecimiento económico y en buena manera el consenso social. Reforzaron la lucha contra el terrorismo de ETA y la autoridad del estado frente a las autonomías, siendo especialmente así en el País Vasco, aquí como respuesta al giro soberanista que el gobierno vasco y el PNV impulsaron desde 1997. En materia de política exterior y de defensa, el PP fue decididamente atlantista y proestadounidense, especialmente tras los atentados islamistas contra las Torres Gemelas de Nueva York del 11 de septiembre de 2001. Reformó, además, parcialmente aspectos de la educación, elaboró un plan hidrológico nacional que contemplaba grandes obras de trasvase entre distintas cuencas hidrográficas y llevó a España a la integración monetaria europea y al euro, la moneda única europea nacida en 1999 y que en 2002 sustituyó a la peseta, la moneda histórica española.

La etapa Aznar fue el periodo de mayor crecimiento y de mayor creación de empleo de la historia española. Entre 1996 y 2004, el PIB creció a una media del 3,4 por 100 anual; la renta per cápita pasó de 13.300 euros en 1996 a 21.800 euros en 2004, y el paro bajó desde el 17,7 por 100 en 1985 al 10,3 por 100 en 2004. La población activa rozaba los veinte millones de personas en 2004.

Aunque en septiembre de 1998 ETA declaró una tregua que duró catorce meses, y aunque el gobierno Aznar habló con la nueva dirección política etarra de cara a un posible fin de la lucha armada, ETA asesinó entre 1996 y 2004 a setenta personas (entre ellas políticos y personalidades relevantes o del PP o del PSOE, como Gregorio Ordóñez, Fernando Múgica, Fernando Buesa, Tomás y Valiente, López de la Calle, Ernest Lluch, Joseba Pagazaurtundúa...). La acción policial infligió, a cambio, importantes golpes a la organización: más de cien activistas de ETA y su aparato militar casi entero fueron cayendo entre 1998 y 2004. El clima moral y político del País Vasco estaba, además, cambiando: el asesinato en julio de

1997 de un joven concejal del PP, Miguel Ángel Blanco, provocó una verdadera conmoción moral que se tradujo en la movilización contra ETA y Batasuna por parte de millones de personas en toda España, miles y miles de ellas en el propio País Vasco. Una importante manifestación contra ETA, convocada por la plataforma *Basta ya*, encabezada por conocidos intelectuales vascos no nacionalistas, recorrió las calles de San Sebastián el 23 de septiembre de 2000. El voto no-nacionalista representó el 46 por 100 de los votos en las elecciones autonómicas vascas de 2001 y puso en cuestión la hegemonía del PNV, que lo había mantenido desde las elecciones vascas de 1980.

Pese a que algunos hechos azarosos mal resueltos desde el gobierno –como la catástrofe ecológica en Galicia provocada por el hundimiento del petrolero *Prestige* en noviembre de 2002, o la muerte de 63 militares al estrellarse, en mayo de 2003, en Turquía, el avión que los transportaba tras cumplir su misión en Afganistán– pusieron en dificultades a Aznar y sus ministros, todo indicaba que el PP podía obtener en 2004 un tercer mandato electoral. El error, al menos visto lo sucedido después, estuvo en el apoyo incondicional que el propio Aznar dio a Estados Unidos en la guerra de Irak de 2003, guerra muy impopular para la población española (que sin embargo había aceptado la participación de las tropas españolas en otros conflictos como Kosovo y Afganistán, o en la recuperación del islote de Perejil ocupado por Marruecos en julio de 2003). Y esta actitud errónea permitiría a los socialistas, dirigidos ahora por una nueva generación encarnada por su nuevo secretario general, José Luis Rodríguez Zapatero, capitalizar electoralmente, ya en 2004, el intenso clima electoral creado por el terrible atentado –191 muertos, 1.858 heridos– perpetrado en Madrid por terroristas islámicos el 11 de marzo de ese mismo año, y volver así al gobierno tras ganar las elecciones celebradas solo tres días después, el domingo 14 de marzo de 2004.

ESPAÑA, PAÍS DEMOCRÁTICO

El cambio de gobierno de 2004 cerraba así una etapa política de treinta años de democracia y de transformaciones decisivas de la vida española. La clave de esos treinta años radicó en que a lo largo de ese tiempo nunca se quebró el consenso –por usar la palabra acuñada al inicio de la transición– entre los grandes partidos (UCD, PP, PSOE) sobre el nuevo estado español construido desde 1975 y definido por la Constitución de 1978. Consenso sobre el estado no significó, nunca, ausencia de confrontación política, que la hubo, e intensa, en torno a todas las cuestiones esenciales: elecciones, gobiernos, ministros, legislación, política exterior, políticas sectoriales, temas vasco y catalán, sucesos catastróficos, corrupción, etcétera.

Problemas en treinta años hubo muchos. El paro, la temporalidad de muchos empleos, el envejecimiento de la población, la subcultura de alcohol y drogas de una gran parte de la juventud, la educación, la vivienda, y la violencia doméstica se constituyeron como los grandes problemas del país desde la década de 1980. ETA mantuvo –ya se ha visto más arriba– la presión terrorista, como resultado de su concepción estratégica hacia la independencia, esto es, por una opción deliberada, no como resultado de una necesidad inevitable, impuesta por las circunstancias o como prolongación de un conflicto secular y no resuelto. Los nacionalistas vascos y catalanes, aun gobernando en sus respectivas regiones desde 1980 y aun coadyuvando en algunos momentos –caso del nacionalismo catalán– a la gobernación de España, seguían en 2005 manteniendo por razones ideológicas sus aspiraciones a la constitución de Cataluña y Euskadi como naciones soberanas (el nacionalismo gallego constituye un caso distinto: el PP gobernó ininterrumpidamente en Galicia entre 1988 y 2005), y la transformación de España en un estado plurinacional.

Pero los grandes problemas que desde el siglo XIX habían condicionado la política del país –la democracia política, la forma del Estado, el atraso económico, la organización territorial, el ejército, la iglesia– parecían en buena medida resueltos. La monarquía no estaba en cuestión y la sucesión del rey don Juan Carlos quedaba asegurada en la figura de su hijo Felipe. El ejército era ya un ejército moderno, adecuado a las necesidades españolas de defensa y subordinado al poder civil. La iglesia, encabezada entre 1972 y 1981 por el cardenal Tarancón (1907-1994), había apoyado la transición –desde la memorable homilía que Tarancón había pronunciado el 27 de noviembre de 1975 en la misa que siguió a la proclamación como rey de don Juan Carlos– y había establecido aceptables relaciones de cooperación con el nuevo estado español. El giro conservador de la iglesia que, impulsado por los sucesores de Tarancón, pudo apreciarse desde mediados de los años 90, transformó la cooperación en progresivo distanciamiento –en razón de las muchas reservas de la iglesia hacia el laicismo del estado español y su frontal desaprobación de prácticas familiares y sexuales contrarias para la iglesia a la moral cristiana– pero sin que se rompiera, al menos dramáticamente, el clima de respeto mutuo existente entre iglesia y estado y definido por la Constitución del 78.

La reconversión industrial de los años 80, la privatización del viejo sector público del franquismo, las fusiones bancarias, la inversión extranjera y el auge de las grandes obras de infraestructura (autopistas de peaje y autovías, aeropuertos, líneas ferroviarias de alta velocidad) revolucionaron la economía española. Servicios, construcción, comercio, turismo, banca, transportes y comunicaciones eran, a principios del siglo XXI, los principales sectores de la economía nacional, la octava del mundo (aunque se tratase de una economía vulnerable y excesivamente dependiente del sector de la construcción). En 2004, la petrolera Repsol, Telefónica, los bancos Santander y Bilbao-Vizcaya, Endesa (compañía eléctrica), El Corte Inglés (cadena de grandes almacenes) e Iberdrola (otra eléctrica) eran, por ese orden, las primeras empresas del país. El turismo alcanzaba cifras extraordinarias: 55,3 millones de turistas en 1992, 82 millones en 2003. España había invertido en América Latina en la década de 1990 una cifra cercana a los noventa mil millones de dólares. Era un país desagrarizado. En 2005, la agricultura –el principal problema del país a lo largo del siglo XIX y primeras décadas del XX, la causa histórica de su atraso y de su pobreza– representaba solo el 3 por 100 del valor añadido bruto de la economía (rondaba el 10 por 100 en 1975) y únicamente el 5,3 por 100 del empleo total (cuando casi una cuarta parte de los trabajadores españoles se dedicaba a la agricultura en 1975). El PIB había pasado de 47.868.900 millones de pesetas en 1976 a 908.450 millones de euros en 2005 (más de 150.000 billones de pesetas); creció a una media anual superior al 3 por 100 entre 2005 y 2008. El PIB por habitante había pasado de 5.904 dólares en 1980 a 24.254 en 2004 y el número de coches, que en 1976 era de 7,6 millones, se había elevado hasta 22,4 millones en 1999. A pesar de que el desempleo hubiese alcanzado cifras cercanas al 20 por 100 en periodos como 1984-1988 y 1993-1996 (22,8 por 100, concretamente, en 1996), la población activa pasó de 12,6 millones de personas en 1975 a 19,8 millones en 2004. Solo entre 2001 y 2006 se construyeron 2,6 millones de viviendas nuevas.

La población española había pasado de 35,8 millones de habitantes en 1976 a 44,1 millones en 2006, en razón fundamentalmente de la inmigración –estimada en 2006, en unos cuatro millones de personas, casi el 10 por 100 de la población total–, un hecho nuevo y sorprendente en la historia de España, un país de emigrantes hasta avanzada la década de 1960. A 1 de enero de 2005 vivían en España 511.000 marroquíes, 497.000 ecuatorianos, 317.000 rumanos, 271.000 colombianos y miles de bolivianos, búlgaros, chinos, peruanos, ucranianos, dominicanos e inmigrantes de otras nacionalidades (entre ellos, 226.000 jubilados británicos, 135.000 alemanes y 35.000 escandinavos retirados en localidades costeras del sur y del Mediterráneo). Tres de cada cuatro españoles vivían en 2005 en las grandes áreas urbanas del país. En 2007, cuarenta ciudades tenían más de 150.000 habitantes. Madrid, que vivió desde 1990 una auténtica explosión urbana, económica, cultural y social, y Barcelona eran las ciudades más pobladas; Valencia, Sevilla, Zaragoza, Málaga, Murcia, Las Palmas, Palma de Mallorca y Bilbao tenían entre 350.000 (Bilbao) y 800.000 habitantes (Valencia).

El papel de la mujer también había cambiado de forma evidente y decisiva (aunque en 2005 o 2010 existieran aún diferencias palmarias entre hombres y mujeres y subsistiesen ámbitos laborales con escasa presencia femenina y episodios, graves, de violencia machista). Desde mediados de los años 80, eran ya más las mujeres que los hombres que cursaban estudios universitarios. La tasa de ocupación femenina se duplicó entre 1983 y 2008. En 2008, trabajaban cerca de ocho millones y medio de mujeres, la mitad de la fuerza laboral española. El número de empresarias creció en un 37 por 100 entre 2000 y 2007. En 2004, las mujeres eran el 64 por 100 del total de jueces del país y en ese mismo año había un total de 12.205 mujeres en las fuerzas armadas españolas (de un total de 119.698 efectivos).

España era, por último, un país europeo. Tras un largo proceso de difíciles negociaciones iniciado en 1977, España firmó su adhesión a la Comunidad Económica Europea el 12 de junio de 1985, y se convertía en miembro de pleno derecho de la CEE a partir del 1 de enero de 1986. En 1993, quedaba plenamente integrada en el mecanismo financiero europeo y aplicaba ya los aranceles comunes europeos a sus productos industriales y agrícolas y la normativa común y las directrices comunitarias en todas las cuestiones económicas, comerciales y financieras. España fue parte activa en todo lo actuado por la Unión Europea entre 1986 y 2006: tratado de Maastrich de 1991, unión monetaria, ampliaciones de 1995 y 2004, el euro, los tratados de Ámsterdam y Niza (que diseñó la ampliación de 2004 hacia los países de la Europa del Este). Los gobiernos españoles se atribuyeron especial responsabilidad en el desarrollo de la llamada "Europa de los ciudadanos" (ciudadanía europea, pasaporte europeo), en la "Europa social" (políticas de empleo y cohesión social de la UE), en la construcción de la unión monetaria y económica, en la lucha contra el terrorismo y el narcotráfico y en la creación de Europa como un espacio de justicia, libertad y seguridad.

España asumió, desde luego, un papel relevante en la cooperación de la UE con los países del Mediterráneo y en la institucionalización de las relaciones de la Unión con América Latina. Entre 1986 y 2006, Europa iba a ser una formidable operación económica. Entre 1986 y 2006, España recibió, en fondos para la agricultura, para el desarrollo regional y para la cohesión, una cifra cercana a los 150.000 millones de euros. Casi todos los cambios infraestructurales que el país experimentó en esos veinte años –autovías, trenes de alta velocidad, puertos, desaladoras, presas– se financiaron con fondos europeos: cuatro de cada diez kilómetros de los casi seis mil kilómetros nuevos de autovías y treinta y ocho de cada cien euros invertidos en España en ferrocarriles de alta velocidad se hicieron con dinero procedente de Europa.

Con la entrada en Europa, complementada por la incorporación a la OTAN, España resolvía, además, el problema de su identidad como nación y su papel en el contexto mundial. La democracia significó, en efecto, la afirmación de la identidad española como país europeo. Por primera vez en dos siglos, España contaba en el mundo. En 1989 presidía la Comunidad Europea. En 1990, participó, si bien muy limitadamente, en la guerra del Golfo Pérsico, desencadenada por la invasión unilateral de Kuwait por parte de Irak. En total, desde 1989 a 2006, las tropas españolas participarían en un total de 47 operaciones militares internacionales (en Bosnia, en Kosovo, en Afganistán, en Irak...), comandadas o por la ONU o por la OTAN o por la propia UE: operaciones de "paz y ayuda humanitaria", pero en escenarios de guerra activa. España tuvo un papel principal en la creación, en 1991, de las Cumbres Iberoamericanas –reuniones bianuales de los jefes de estado y de gobierno latinoamericanos, español y portugués para tratar asuntos comunes–; apoyó decididamente la democratización del continente (Perú, 1979; Bolivia, 1982; Argentina, 1982; Brasil y Uruguay, 1985; Chile y Paraguay, 1989), donde su propia transición democrática había otorgado a España considerable prestigio, y los procesos de paz, procesos electorales y negociación con las guerrillas en Nicaragua (1990), El Salvador (1992-1994) y Guatemala (1993-1995). El pesimismo crítico sobre la condición nacional que había impregnado la visión de muchos intelectuales de los siglos XIX y XX (de Blanco White y Larra, a Unamuno, la generación del 98, Ortega y Azaña) parecía ahora, entre 1975 y 2005, un anacronismo.

EL COMIENZO DE LA POSTRANSICIÓN

La transición había cambiado España. En 2005, España era, como acaba de indicarse, un país democrático y plenamente europeo y occidental, una economía desarrollada y dinámica, un país urbano y moderno, y un país de inmigrantes. Era una sociedad dominada por el peso de las clases medias urbanas, vinculadas a la gestión empresarial, a las profesiones liberales y al funcionariado, con niveles relativamente altos de bienestar y afluencia económica, como reflejaban sus elevados gastos en educación, vivienda y consumo; una sociedad progresivamente igualitaria y definida por un alto grado de homogeneidad en gustos, valores y actitudes ante la vida y la sociedad. La cristalización, a partir de 1975, de un régimen de libertades en el ámbito de la prensa y de los medios de comunicación se tradujo en la aparición de periódicos nuevos en toda España *(El País, El Mundo...)* y, tras la posterior autorización de televisiones autonómicas y privadas, en una renovación radical de la oferta de radio y televisión. Prensa y medios de comunicación fueron parte fundamental, a veces determinante, de la nueva democracia española. Como las demás sociedades occidentales desarrolladas, España se instaló así en una cultura generalista, atenta a la actualidad inmediata y efímera –hecha de política pero, sobre todo, de deportes, vida sentimental de los "famosos", concursos de radio y televisión, formas de entretenimiento banal, escándalos y sucesos dramáticos– y dependiente de la excitación del momento. Las personalidades de la prensa, la radio y la televisión marcaban ahora la agenda de la actualidad del país y, en buena medida, los temas e ideas vigentes.

En la década de 1990, empezaron a cristalizar ya de forma evidente los cambios generacionales que se habían ido produciendo desde la transición. Para entonces, unos diez millones de españoles habían nacido después de 1975. A mediados de los años 90, las señas de identidad de los jóvenes menores de treinta años eran los atuendos de cazadoras, sudaderas, vaqueros y botas, los tatuajes y aros en orejas, nariz y labios, el consumo masivo de alcohol como forma colectiva de diversión los fines de semana y el gusto por determinadas músicas y ritmos, los cómics, los videojuegos y los videoclips; las drogas, el sexo y el alcohol eran los problemas de las nuevas generaciones españolas. La transición, las preocupaciones políticas, morales e históricas que habían impregnado a generaciones anteriores, y singularmente a las generaciones moldeadas por el espíritu de oposición al régimen de Franco, eran para las nuevas generaciones que emergían en los 90, si no inexistentes, al menos progresivamente irrelevantes y, en todo caso, nada urgentes y muy poco significativas.

En ese contexto, el terrible atentado perpetrado en Madrid por terroristas islámicos el 11 de marzo de 2004, que produjo la muerte de 191 personas y cerca de dos mil heridos, fue como el fin trágico y brutal de los treinta magníficos años que España había vivido desde 1975. España asimiló con serenidad admirable el atentado de Madrid. Pero el clima emocional creado por el atentado –que buena parte de la opinión asoció a la participación del país por decisión del gobierno Aznar en la impopular guerra de Irak– cambió el equilibrio político del país. El atentado y la posterior gestión que el gobierno y la oposición hicieron de los sucesos del 11-M, dieron la victoria en las elecciones generales celebradas solo tres días después al PSOE, a cuyo frente se encontraba, desde 2001, una nueva generación encabezada por el nuevo líder del partido, José Luis Rodríguez Zapatero.

Reforzada por los cambios de gobierno que se produjeron en Cataluña en 2003 (gobierno Maragall) y en el País Vasco en 2009 (gobierno López) –gobiernos socialistas que pusieron fin a la hegemonía que los nacionalismos catalán y vasco había ejercido en aquellas regiones desde 1980–, la llegada al poder, en 2004, de Zapatero, un hombre nacido en 1960, tuvo, en efecto, mucho de cambio generacional. Ciertamente, el nuevo gobierno continuó la política económica de gobiernos anteriores, con excelentes resultados en los cuatro primeros años de su gestión (el PIB español creció el 3,6 por 100 en 2005, el 3,8 en 2006, el 4 por 100 en 2007 y el 2,7 en 2008). Pero el nuevo socialismo español, el socialismo de Zapatero, era un vago sentimentalismo progresista, asociado más a valores morales comunitarios que a grandes reformas económicas y sociales. Su política se orientó, de esa forma, en tres direcciones: políticas de igualdad de género y de ampliación de derechos cívicos de los ciudadanos, política de apaciguamiento internacional y ante el terrorismo de ETA, y política de entendimiento con la izquierda y con los nacionalismos, como fundamento de un nuevo orden democrático.

Muchas de las nuevas medidas del gobierno Zapatero –la retirada de las tropas españolas de Irak (abril de 2004), la regularización de los inmigrantes, las leyes contra la violencia de género y de igualdad, la legislación antitabaco, el salario mínimo, las ayudas por dependencia, los matrimonios homosexuales (junio de 2005)– fueron bien asimiladas por la sociedad española. El laicismo del gobierno, sus medidas en educación –supresión de la obligatoriedad de la asignatura de religión en la educación pública, creación de una asignatura de educación para la ciudadanía– provocaron malestar en la iglesia y en la opinión católica. La retirada de Irak enemistó al gobierno español con Estados Unidos; la pomposa Alianza de Civilizaciones que el gobierno patrocinó, y que fue recibida con interés solo por países como Irán y Turquía, alejaba a España de sus posiciones atlantistas. La ley de Memoria Histórica (2007) abrió de nuevo la polémica sobre la Guerra Civil, un debate que España había superado admirablemente desde 1975 y que había quedado ubicado ya en el ámbito de la historia académica (que se había ocupado de la guerra de forma casi inundatoria). El nuevo estatuto de Cataluña (2006), que hablaba de Cataluña como nación y que establecía una especie de relación bilateral entre Cataluña y España, estatuto elaborado por el gobierno Maragall del que formaba parte Esquerra Republicana de Catalunya, el partido del independentismo catalán (el mismo presidente catalán, el socialista Maragall, excelente alcalde de Barcelona entre 1981 y 1997, parecía obsesionado con la idea de hacer de España un país federal y plurinacional) y asumido por el gobierno español, reabría la cuestión de la organización territorial del Estado. Andalucía, Valencia, Aragón, Castilla-La Mancha y Baleares plantearon la reforma de sus estatutos. El gobierno vasco, presidido de 1999 a 2009 por Juan José Ibarretxe, un nacionalista vasco soberanista y radical, aprobó en diciembre de 2004 un nuevo estatuto vasco –que rechazaría el parlamento español en 2005– destinado a hacer de Euskadi un estado libre asociado. Lo más grave: la apertura en junio de 2006 por el presidente Zapatero de un proceso de negociaciones de paz con la organización terrorista ETA –después de que ETA declarara el 22 de marzo una tregua indefinida–, rompió los acuerdos previos entre los partidos sobre el terrorismo, dio a ETA y a la izquierda "abertzale", esto es, al entorno político de la banda terrorista aglutinado en torno a Batasuna, una inesperada legitimidad y un excepcional protagonismo político, y fue un fracaso: el proceso de paz terminó cuando ETA decidió en junio de 2007 relanzar la "lucha armada" (el gobierno tuvo que rectificar radicalmente: en los primeros meses de 2008 detuvo, con la colaboración de Francia, a los principales líderes del aparato militar de ETA, ilegalizó a los partidos independentistas derivados de Batasuna, y procesó y encarceló a varios de sus dirigentes).

Zapatero supuso, pues, la ruptura de consensos básicos vigentes, tácita o explícitamente, desde la transición. El PSOE parecía identificar ahora democracia con izquierda y nacionalismos; la idea parecía ser que, treinta años después de la muerte de Franco, las circunstancias españolas no eran ya las circunstancias de la transición. Con su victoria en las elecciones de 9 de marzo de 2008, Rodríguez Zapatero y el PSOE lograron un segundo mandato para gobernar el país. Zapatero basó buena parte de su campaña electoral en la negación sistemática de que la economía española pudiera verse afectada por la crisis financiera y económica que en 2008 habían empezado a manifestarse ya en Estados Unidos y en distintos países europeos –y que los expertos temían podía tener dimensiones tan graves como la crisis de 1929–, y en la promesa de lograr mayor desarrollo y más y mejor empleo para el país. Fue una falacia. En los meses inmediatamente posteriores a las elecciones cambió, vertiginosamente, el signo de la economía española. En los dos primeros trimestres de 2008, la economía creció solo un 0,1 por 100, la tasa más baja desde 1993. En agosto, el paro alcanzó el 11,3 por 100, un tercio más que en agosto de 2007, el peor registro en treinta años. En el primer trimestre de 2009, España había entrado técnicamente en recesión, lo que no había sucedido desde la crisis de 1991-1994. La Bolsa cayó alarmantemente. A principios de 2009, el paro, que afectaba a todos los sectores, pero de forma especial a la construcción, a los servicios y a la industria, aumentaba en unos doscientos mil parados cada mes; el número total de desempleados se aproximaba a la cifra de 3,5 millones. El PIB español siguió cayendo en 2009 y en 2010; en 2011 se rozaban los cinco millones de parados. *The party is over*, se acabó la fiesta, escribía el 11 de noviembre de 2008 *The Economist*, en un nuevo informe especial sobre España.

El fin de la prosperidad y de la bonanza económica pareció también confirmar el fin de la transición. Cuando el Partido Popular, liderado por Mariano Rajoy, llegó al poder tras ganar las elecciones en noviembre de 2011, su gran tarea era nada menos que la reconstrucción de una economía en quiebra. Al menos ETA, ante el creciente rechazo del terrorismo por la sociedad vasca y la división de la "izquierda abertzale" en torno a la "lucha armada", anunció poco antes, el 20 de octubre de 2011, el cese definitivo de la violencia.

NUEVA IMAGEN DE ESPAÑA

El cambio operado en España desde 1975 era, como hemos tenido ocasión de ver, un cambio profundo, una transformación radical, una ruptura histórica. Los treinta años de democracia transcurridos en 2005 desde el fin de la dictadura de Franco conllevaron, efectivamente, nada menos que la refundación de España como nación. Con la consolidación de la democracia, España no se reconocía en modo alguno en el país dramático y pintoresco creado por el estereotipo romántico y sancionado en la pobreza de su vida rural en los siglos XIX y XX, y por la tragedia de la Guerra Civil de 1936-1939.

Sede del gobierno, de los grandes bancos del país, de la Bolsa, de los grandes medios de comunicación (prensa, radios, televisiones) y de numerosas empresas nacionales y extranjeras, Madrid, la capital del estado, el principal centro financiero y comercial del país, proyectaba la imagen de la nueva España democrática. El renacimiento urbano de Madrid desde 1975 fue formidable: nuevos museos (Reina Sofía, Thyssen-Bornemisza), nuevas facultades y escuelas universitarias, bibliotecas, auditorios, hoteles, centros feriales y palacios de congresos; instalaciones deportivas, grandes centros comerciales, numerosos pasos subterráneos, nuevas líneas de metro, parques, grandes carreteras de circunvalación, nuevas estaciones de ferrocarril y terminales aéreas, ensanches y barrios nuevos, edificios espectaculares (torre Picasso, torre Europa, Puerta de Europa I y II, la terminal 4 de Barajas, los rascacielos de Caja Madrid, Cristal, Sacyr y Espacio). Con diez localidades de más de cien mil habitantes (Móstoles, Alcalá de Henares, Fuenlabrada, Leganés, Alcorcón, Getafe, Torrejón, Alcobendas, Pozuelo, Rivas-Vaciamadrid), la comunidad de Madrid, era en 2007 la región de mayor renta per cápita de España.

Las grandes obras (estaciones de ferrocarril, nuevas terminales aeroportuarias, circunvalaciones, autopistas y autovías, puentes, instalaciones deportivas, hoteles...) que exigió la celebración en 1992 de los Juegos Olímpicos y del V Centenario del descubrimiento de América transformaron Barcelona y Sevilla, sedes respectivas de ambos acontecimientos. La construcción en Valencia entre 1989 y 1998 de la Ciudad de las Artes y las Ciencias, un espléndido conjunto arquitectónico y cultural diseñado por Santiago Calatrava y Félix Candela, cambió la ciudad. El museo Guggenheim (1997) obra de Frank Gehry, la construcción del metro, la regeneración de los terrenos de la ribera de la ría del Nervión, nuevos centros comerciales, autovías y túneles, un nuevo aeropuerto, obra de Calatrava, todo ello llevado a cabo entre 1995 y 2005, transformaron Bilbao en una ciudad decididamente moderna.

Con la construcción del estado de las autonomías, las ciudades españolas experimentaron entre 1975 y 2005 cambios –en su fisonomía urbanística, en su vida colectiva– literalmente extraordinarios. Entre 1986 y 2000, se inauguraron, por ejemplo, el Museo Nacional de Arte Romano de Mérida, el Centro de Arte Reina Sofía en Madrid, el Instituto Valenciano de Arte Moderno en Valencia, el Centro Atlántico de Arte Moderno y el Auditorio Alfredo Kraus en Las Palmas, el Palacio de Festivales de Cantabria en Santander, el Centro Gallego de Arte Contemporáneo en Santiago, el Museo Domus en A Coruña, el Museo de Arte Contemporáneo de Barcelona, el Museo Guggenheim de Bilbao y el Palacio de Congresos y Auditorio Kursaal de San Sebastián y Chillida-Leku, el museo al aire libre del escultor Chillida en Hernani, edificios todos ellos diseñados por grandes arquitectos (Rafael Moneo, García de Paredes, Oscar Tusquets, Frank O. Gehry, Richard Meier, Carlos Salvadores y Emilio Jiménez, Sáenz de Oiza, Álvaro Siza y otros): la arquitectura, la citada y mucho más, era la gran expresión de la nueva modernidad española.

La refundación de España con la democracia conllevó la creación de una nueva identidad. España se reconocía, así, en etapas y hechos señeros de su pasado –el Camino de Santiago, la España imperial, el *Quijote*, El Greco, Velázquez, la España de la Ilustración, Goya–, en su historia contemporánea (las cortes de Cádiz, la Segunda República, la Guerra Civil) y en la misma transición. Asumía las identidades particulares de las nacionalidades y regiones, esto es, su pluralidad cultural y lingüística, y la historia propia de sus antiguos reinos y territorios históricos. Se reconocía en su tradición intelectual liberal, en la plenitud cultural que vivió entre 1898 y 1936, en la cultura del antifranquismo y del exilio, y en la última modernidad del país que representaban, entre otros, creadores como Tàpies, Oteiza, Chillida, Calatrava, Moneo, Almodóvar, Barceló, Antonio López o Juan Muñoz.

España era al tiempo, como se ha visto, un país europeo, con el Mediterráneo, el arco atlántico y el mundo hispánico de América, América Latina, como sus áreas espaciales y culturales naturales. Con cerca de 450 millones de hispanohablantes en el mundo, y unos cuarenta millones de "hispanos" o "latinos" en Estados Unidos, el español era a principios del siglo XXI una de las primeras lenguas universales y un instrumento de enorme valor cultural y económico.

La historia futura de esa España refundada democráticamente desde 1975 será, por definición, imprevisible, a menudo inquietante y siempre problemática: en ningún sitio está escrito que la historia sea o racional o justa. España, muchas historias posibles, era –si se recuerda lo escrito al principio– la tesis de este libro. España, en efecto, pudo haber quedado de forma permanente, como Turquía, dentro del mundo islámico, o pudo haber cristalizado, como Italia hasta 1861, en una pluralidad de reinos y estados, tal como se constituyó en los siglos XIII a XV. España se asomó a la historia europea con los Reyes Católicos. Fue un imperio universal y la gran potencia hegemónica en los siglos XVI y XVII. Fue, luego, un estado fallido en el siglo XIX y un país en buena medida trágico (Guerra Civil, dictadura de Franco), en el XX.

La historia española no es –quede claro– ni una historia única ni una historia excepcional. Como la historia de cualquier otro país, la historia española es, sencillamente, una historia muy interesante, cuyo conocimiento –una obligación política y moral para hablar apropiadamente de España– plantea un amplio repertorio de cuestiones esenciales. La verdad histórica, escribió Ranke, al fin y al cabo el más importante historiador de los tiempos modernos, es "infinitamente más hermosa e infinitamente más interesante que la ficción novelesca".

CRONOLOGÍA

I. LA FORMACIÓN DE HISPANIA

a. de C.	
780.000:	*Homo antecessor* (Atapuerca, Burgos).
15.000:	cueva de Altamira.
2.900-2.200:	Los Millares (Almería): Calcolítico.
2.500:	construcciones megalíticas.
2.100-1.350:	El Argar (Almería): Bronce medio.
1.100:	fundación (legendaria) de Gadir (Cádiz) por los fenicios. Colonización fenicia (siglos VIII-VI).
900-550:	Tartessos.
800-600:	migraciones célticas.
654:	fundación de Ebyssus (Ibiza) por los cartagineses. Colonización cartaginesa (siglos VII-III).
575:	fundación de Emporion (Ampurias) por griegos de Marsella.
480:	Dama de Elche (cultura ibérica).
228:	fundación de Cartago Nova (Cartagena) por los cartagineses.
219:	toma de Sagunto por Aníbal.
218:	desembarco romano en Ampurias (segunda guerra púnica). Conquista romana (197-19).
197:	división de Hispania en Ulterior y Citerior.
19:	fin de las guerras cántabras y de la conquista romana.
15:	reorganización de Hispania en Lusitania, Bética y Citerior.

d. de C.	
74:	Vespasiano concede la "ciudadanía latina" a los hispanos.
98-117:	Trajano, emperador de Roma.
117-138:	Adriano, emperador de Roma.
212:	Caracalla concede la ciudadanía romana a los hispanos.
s. III:	cristianización paulatina de Hispania.
c. 284:	división de Hispania en seis provincias.
379-95:	Teodosio I, emperador; el cristianismo religión oficial.
409:	penetración de vándalos, alanos y suevos en la Península.
476:	desaparición del imperio romano de occidente.
507-711:	instalación de los visigodos en Hispania.
568:	Toledo, capital del reino visigodo.
574-81:	unificación de la Península por Leovigildo.
589:	conversión de Recaredo al catolicismo.

II. LA ESPAÑA MEDIEVAL

711:	penetración musulmana en la Península.
722:	victoria de Pelayo en Covadonga.
756:	proclamación del emirato independiente de al-Ándalus.
ss. VIII-X:	surgimiento de los reinos de Asturias y Pamplona y de los condados de Aragón, Sobrarbe, Ribagorza y Barcelona.
910-1230:	reino de León.
929-1031:	califato de Córdoba.
950:	aparición de Castilla como condado independiente.
1031:	desaparición del califato de Córdoba: reinos de taifas.
1035:	Sancho el Mayor (Sancho Garcés III de Pamplona) crea los reinos de Castilla y Aragón.

1085:	toma de Toledo por Alfonso VI de León y Castilla.
s. XI:	uso del término "español".
1090-1145:	"imperio" almorávide.
ss. XI-XIII:	grandes avances territoriales de los reinos cristianos peninsulares.
1118:	toma de Zaragoza por Alfonso I de Aragón.
1137:	unión de Aragón y Cataluña: creación de la corona de Aragón.
1139:	independencia de Portugal.
1147-1212:	reunificación de al-Ándalus por los almohades.
1162-1512:	reino independiente de Navarra.
1188:	nacimiento de las cortes de Castilla y León.
1212:	batalla de Las Navas de Tolosa.
1229 y 1239:	Jaume I conquista Baleares y Valencia.
1230:	unión definitiva de Castilla y León.
1237-1492:	reino nazarí de Granada.
1240-62:	Fernando III toma Murcia, Córdoba, Jaén, Sevilla, Jerez, Cádiz y Niebla.
1282:	Aragón ocupa Sicilia.
1324:	ocupación de Cerdeña por Jaume II.
1369:	Enrique II Trastámara, rey de Castilla.
1390:	los almogávares entregan a Aragón los ducados de Atenas y Neopatria.
1412:	Fernando I (de Antequera) Trastámara, rey de Aragón por el "compromiso de Caspe".
1443:	Alfonso V de Aragón, rey de Nápoles.
1450-60:	guerra civil navarra.
1462-72:	guerra civil catalana.
1469:	matrimonio de Isabel I de Castilla y Fernando II de Aragón.
1474-79:	guerra civil castellana.
1479:	unión de Castilla y Aragón bajo los Reyes Católicos.
1492:	conquista de Granada. Descubrimiento de América. Expulsión de los judíos.

1496:	incorporación de las islas Canarias a la corona de Castilla.
1497-1511:	conquista de enclaves en el norte de África.
1505:	incorporación a España del reino de Nápoles.
1506 y 1516:	regencias del cardenal Cisneros.
1512:	anexión de Navarra.

III. LA ESPAÑA IMPERIAL

1513:	descubrimiento del océano Pacífico.
1517-56:	reinado de Carlos I Habsburgo (Carlos V tras su elección como emperador en 1519).
1521:	conquista de México por Hernán Cortés.
1521-24:	creación de consejos de Estado, Hacienda, Guerra e Indias.
1521-38:	guerras con Francia en Italia.
1522:	viaje de circunvalación de la tierra (Magallanes-Elcano).
1533:	conquista de Perú por Pizarro.
1535:	virreinato de Nueva España.
1542-43:	nuevas leyes de Indias.
1556-98:	reinado de Felipe II.
1563-84:	construcción de El Escorial.
1566:	rebelión antiespañola en Flandes (hasta 1648).
1571:	batalla de Lepanto.
1576:	saqueo de Amberes.
1579-98:	despliegue imperial español.
1580:	unión con Portugal (hasta 1640).
1588:	desastre de la Armada Invencible.
1598-1621:	reinado de Felipe III; "valimiento" (gobierno) del duque de Lerma.
1605:	primera parte del *Quijote*.
1609-21:	tregua de los Doce Años en los Países Bajos.
1618-48:	guerra de los Treinta Años en Europa.
1621-65:	reinado de Felipe IV; "valimiento" del conde-duque de Olivares (1621-43).

1626: Olivares proyecta la unión de armas.

1631-59: guerra entre Francia y España por la hegemonía europea.

1634: victoria española en Nördlingen.

1639: derrota naval española en el canal de la Mancha.

1640: rebeliones de Portugal y Cataluña.

1643: derrota de los tercios españoles en Rocroi.

1648 y 1659: tratados de Westfalia y Pirineos: fin de la hegemonía española.

1665-1700: reinado de Carlos II. Fin de la España de los Austria.

IV. EL XVIII ESPAÑOL: EL FIN DEL ANTIGUO RÉGIMEN

1700-46: reinado de Felipe V (dinastía Borbón).

1702-14: guerra de Sucesión española.

1707-16: centralización y reforma de la administración territorial española. Creación de las secretarias de estado.

1714: fin de la guerra de Sucesión. España cede los Países Bajos y sus territorios en Italia a Austria, Sicilia a Saboya, y Gibraltar y Menorca a Gran Bretaña.

1726-36: etapa de gobierno de José Patiño.

1733-61: pactos de familia con Francia.

1733-38: guerra de Sucesión polaca. España recupera militarmente Nápoles y Sicilia.

1738-54: etapa de gobierno reformista de José del Campillo y del marqués de la Ensenada.

1746-59: reinado de Fernando VI.

1749 y ss.: construcción de una red vial de carreteras y de canales navegables.

1756-63: guerra de los Siete Años. España obtiene Luisiana.

1759-88: reinado de Carlos III. Plena Ilustración española.

1765-86: creación de sociedades económicas de amigos del país.

1766:	motín de Esquilache. Expulsión de los jesuitas.
1769-75:	colonización de Sierra Morena.
1776-83:	guerra de Independencia estadounidense. España recupera Menorca y Florida.
1777-92:	gobierno de Floridablanca.
1777-89:	expediciones científicas a Chile, Perú, Nueva Granada y Nueva España.
1778:	decreto de libre comercio para América.
1788-1808:	reinado de Carlos IV; Godoy, jefe del gobierno, 1792-1808.
1793-95:	guerra contra la Francia revolucionaria. Paz de Basilea (1795).
1795-1808:	política exterior de alianza con Francia; guerra permanente con Gran Bretaña.

V. ESPAÑA 1808-1939. LA DEBILIDAD DEL ESTADO NACIONAL

FIN DEL ANTIGUO RÉGIMEN

1805:	batalla de Trafalgar, destrucción de la armada española.
1807:	España autoriza la entrada de tropas francesas en su territorio.
1808:	motín de Aranjuez contra Godoy. Fernando VII, rey de España. Levantamiento contra las tropas francesas en España.
1808-13:	guerra de Independencia. Napoleón en España. Reinado de José Bonaparte.
1810:	reunión de las cortes de Cádiz. Comienzo del proceso hacia la independencia americana: cabildos abiertos y juntas proclaman la independencia en Caracas, Buenos Aires, Montevideo, Quito, Santiago, Asunción; levantamientos de Hidalgo y Morelos en México (1810-15).
1812:	aprobación de la Constitución de Cádiz. Victoria de Wellington en Arapiles.

1813: victoria de Wellington en Vitoria.

1814: regreso de Fernando VII. Restauración del absolutismo (1814-20).

1816-24: segunda fase en la independencia americana.

1817-18: San Martín logra la independencia de Chile.

1819: victoria de Bolívar en Boyacá y proclamación de la república de Colombia.

1820-23: trienio constitucional en España.

1821: independencia de México y de Perú. Victoria de Bolívar en Carabobo.

1822: Sucre libera Ecuador.

1823-33: nueva restauración del absolutismo por Fernando VII: la década ominosa.

1824: Bolívar y Sucre liberan los territorios del Alto Perú.

1827: revuelta de los *agraviados* en Cataluña.

1830: nacimiento de la infanta Isabel.

1833: muerte de Fernando VII.

LA ESPAÑA DEL LIBERALISMO

1833-40: regencia de María Cristina de Parma. Primera guerra carlista.

1834: estatuto real.

1835: primer sitio de Bilbao y muerte del general carlista Zumalacárregui.

1835 (sept.): gobierno Mendizábal. Desamortización eclesiástica.

1836 (ag.): motín de los sargentos de La Granja.

1837: promulgación de la constitución progresista de 1837.

1839: tratado de Bergara: fin de la guerra carlista en el norte.

1840: victoria de Espartero sobre Cabrera, fin de la guerra carlista en Levante.

1840-43: regencia del general Espartero.

1843-54: pronunciamiento del general Narváez. Mayoría de edad de Isabel II. Régimen de los moderados.

1845: constitución moderada.
1848: primer ferrocarril.
1851: concordato con la Santa Sede.
1854-56: pronunciamiento de Espartero y O'Donnell, "bienio progresista". Leyes de Ferrocarriles y Minas. Desamortización civil.
1857: ley Moyano, de Educación Pública.
1858-63: gobierno de O'Donnell y de la Unión Liberal.
1862-68: crisis de la monarquía isabelina.
1868 (sept.): revolución democrática encabezada por el general Prim. Insurrección antiespañola en Cuba.
1869: nueva constitución: monarquía constitucional, sufragio universal masculino.
1870: asesinato de Prim.
1871-73: Amadeo de Saboya, rey de España.
1873: abdicación de Amadeo I. Proclamación de la Primera República. Nueva guerra carlista. Insurrección "cantonal".
1874: pronunciamiento militar de Martínez Campos: restauración de la monarquía en Alfonso XII.

LA RESTAURACIÓN 1874-1923

1874-85: reinado de Alfonso XII.
1876: fin de la guerra carlista. Nueva Constitución. Alternancia de conservadores (Cánovas) y liberales (Sagasta) en el poder.
1878: paz en Cuba.
1879: fundación del Partido Socialista Obrero Español (PSOE).
1885: muerte de Alfonso XII.
1885-1902: regencia de María Cristina de Habsburgo.
1885-90: gobierno largo de Sagasta.
1888: creación de la Unión General de Trabajadores (UGT).
1890: sufragio universal masculino.
1894: fundación del Partido Nacionalista Vasco (PNV).

1895-98: guerra de Cuba.

1897: procesos de Montjuich contra los anarquistas. Asesinato de Cánovas.

1898: guerra con Estados Unidos. Pérdida de Cuba, Puerto Rico y Filipinas.

1900: leyes de Accidentes del Trabajo, y del Trabajo de Mujeres y Niños.

1901: primer éxito electoral de la Lliga Catalana.

1902-31: reinado de Alfonso XIII.

1906: conferencia de Algeciras sobre Marruecos.

1907-09: gobierno largo de Maura.

1909: campaña de Melilla. Semana trágica de Barcelona.

1910-12: gobierno Canalejas.

1910: creación de la Confederación Nacional del Trabajo (CNT).

1912: protectorado hispano-francés sobre Marruecos. Asesinato de Canalejas.

1914: mancomunidad de Cataluña.

1917: juntas militares de defensa. Asamblea de parlamentarios. Huelga general.

1920-23: pistolerismo sindical y patronal en Barcelona.

1921: asesinato de Dato. Desastre militar de Annual (Marruecos).

1922: expediente Picasso: exigencia de responsabilidades en Marruecos.

1923 (sept.): golpe de estado del general Primo de Rivera.

DICTADURA DE PRIMO DE RIVERA (1923-30)

1923-25: directorio militar.

1924: consejo económico nacional. Creación de la Compañía Telefónica Nacional.

1925: desembarco hispano-francés en Alhucemas (Marruecos). Directorio civil.

1926: España abandona la Sociedad de Naciones. Plan de confederaciones hidrográficas.

1927: fin de la guerra de Marruecos. Convocatoria de la asamblea nacional consultiva. Creación de Campsa (monopolio de distribución de gasolina) e Iberia (aviación comercial).

1928-29: oposición creciente a la dictadura.

1929: exposiciones internacionales de Sevilla y Barcelona.

1930: dimisión de Primo de Rivera. Gobierno Berenguer. Intento de insurrección republicana en Jaca (dic.): fusilamiento de Galán y García Hernández.

1931: gobierno del almirante Aznar. Elecciones municipales: victoria republicana en las ciudades. Caída de la monarquía y proclamación de la Segunda República (14 abril)

LA II REPÚBLICA (1931-36) Y LA GUERRA CIVIL (1936-39)

1931: elecciones constituyentes (junio). constitución republicana (9 dic.).

1931-33: bienio social-azañista. Reformas militar, agraria, territorial y religiosa.

1932: Intento de golpe del general Sanjurjo (agosto). Aprobación de la autonomía de Cataluña y de la reforma agraria.

1933: insurrección anarquista: sucesos de Casas Viejas (enero). Ley de Congregaciones Religiosas. Caída de Azaña (sept.). Victoria del centro y la derecha católica (CEDA) en elecciones generales (nov.). Creación de Falange Española.

1933-35: bienio radical-cedista.

1934: ley de Contratos de Cultivo de Cataluña. Huelgas campesinas. Conflicto de los ayuntamientos vascos. Revolución socialista de Octubre. Suspensión de la autonomía catalana.

1935: rectificación de la reforma agraria. Gil Robles, ministro de Defensa. Escándalos de corrupción del Partido Radical. Gobiernos Chapaprieta y Portela Valladares.

1936: victoria del Frente Popular en las elecciones generales (febrero). Destitución de Alcalá-Zamora. Azaña, presidente de la República. Graves alteraciones del orden público. Asesinato de Calvo Sotelo. Levantamiento militar (Franco, Mola) contra la República (18 de julio).

1936-39: Guerra Civil.

1936: avance de los "nacionales" sobre Madrid. Caídas de Badajoz, Toledo y San Sebastián. Gobierno Largo Caballero (sept.). Franco, jefe del gobierno y del estado nacionales (1 oct.).

1937: batallas del Jarama y Guadalajara. Ofensiva de Franco en el norte: toma de Vizcaya, Santander y Asturias. Contraofensivas republicanas en Brunete y Belchite. Decreto de unificación del movimiento nacional (abril). Gobierno Negrín (mayo).

1938: toma de Teruel y avance de los nacionales al Mediterráneo. Primer gobierno de Franco. Batalla del Ebro (julio). Ofensiva sobre Cataluña (dic.)

1939: caída de Barcelona (enero). Rebelión del ejército del centro (Casado) contra el gobierno Negrín (marzo). Victoria de Franco en la guerra (1 de abril).

VI. DE LA DICTADURA A LA DEMOCRACIA

LA DICTADURA DE FRANCO 1939-1975

1939-45: régimen totalitario. Leyes de responsabilidades políticas, de represión de la masonería y el comunismo, de prensa y de seguridad del estado: prohibición de partidos y sindicatos. Derogación de autonomías regionales. Ritualización fascistizante de la vida pública. Política de amistad con Alemania e Italia. Serrano Suñer, ministro de Interior y de Exteriores.

1940: organización sindical. España, no beligerante en la Segunda Guerra Mundial. Entrevista Franco- Hitler en Hendaya.

1941: Envío de la División Azul a Rusia. Creación del INI (sept.).

1942: ley de Cortes. Incidentes carlistas-falangistas. Caída de Serrano Suñer.

1943: España, neutral en la Segunda Guerra Mundial.

1945-59: etapa nacional-católica.

1945: condena internacional de España. Fuero de los españoles. Martín Artajo, ministro de Asuntos Exteriores. Ley de Referéndum Nacional. Manifiesto de Lausanne (don Juan).

1946: cierre de la frontera francesa; retirada de embajadores extranjeros.

1947: ley de Sucesión.

1951: tímida liberalización de la economía.

1953: concordato con la Santa Sede. Acuerdos con Estados Unidos: bases militares estadounidenses.

1955: admisión de España en la ONU.

1956: incidentes universitarios. Independencia de Marruecos.

1958: ley de Principios del Movimiento. Ley de Convenios Colectivos.

1959: plan de estabilización. Creación de ETA.

1960-70: la década del desarrollo. Importante número de ministros tecnócratas del Opus Dei en los gobiernos.

1962: aparición de Comisiones Obreras. Huelga minera en Asturias.

1963: primer plan de desarrollo. Ejecución de Julián Grimau.

1964: creación de la Seguridad Social. XXV Años de Paz. Crecientes disturbios estudiantiles y laborales.

1966: ley Orgánica del Estado. Nueva ley de Prensa.

1968: primer atentado mortal de ETA.

1969: el príncipe Juan Carlos, designado sucesor de Franco. Monseñor Tarancón, arzobispo de Madrid y presidente de la Asamblea Episcopal. Escándalo "Matesa".

1969-73: Carrero Blanco, número dos del régimen y hombre fuerte del gobierno.

1970: juicio en Burgos contra miembros de ETA. Acuerdo preferencial con la Comunidad Europea. Ley General de Educación.

1972: cierre del diario *Madrid*.

1973: juicio contra Comisiones Obreras. Asesinato de Carrero Blanco por ETA (dic.).

1974-75: gobierno Arias Navarro.

1974: "espíritu del 12 de febrero": anuncio de apertura del régimen y revitalización de la vida política. Ejecución de Puig Antich (marzo). Bomba de ETA en la cafetería Rolando (Madrid). Enfermedad de Franco.

1975: fracaso del "asociacionismo" del régimen. Malestar laboral y universitario. Ejecuciones de miembros de ETA y del FRAP (sept.). Protestas internacionales contra el régimen español. Larga agonía de Franco. "Marcha verde" marroquí sobre el Sáhara. Muerte de Franco (20 nov.). Proclamación de la monarquía de Juan Carlos I.

LA ESPAÑA DEMOCRÁTICA 1975 EN ADELANTE

1976: Adolfo Suárez, presidente del gobierno (julio). Ley de Reforma Política.

1977: legalización del Partido Comunista (abril). Elecciones generales (jun.). Pactos de la Moncloa (oct.).

1978: aprobación de la nueva Constitución (dic.): monarquía democrática y constitucional, estado autonómico.

1979: triunfo de UCD (centro) en elecciones generales. Estatutos de autonomía de País Vasco y Cataluña.

1980: elecciones autonómicas y constitución de los gobiernos vasco (Garaikoetxea) y catalán (Pujol).

1981: dimisión de Suárez (enero). Gobierno Calvo Sotelo. Intento de golpe de estado (23 febrero). Ingreso en la OTAN. Ley de Divorcio.

1982: victoria del PSOE en elecciones generales (oct.). Felipe González, presidente del gobierno (hasta 1996: nuevas victorias electorales del PSOE en 1986, 1989 y 1993).

1983: despenalización del aborto. Ley de Reforma Universitaria.

1984: comienzo de la reconversión industrial.

1985: entrada de España en la Comunidad Europea.

1986: referéndum sobre la OTAN.

1987: coche-bomba de ETA en un supermercado de Barcelona.

1989: refundación de la derecha: creación del Partido Popular.

1990: Fraga Iribarne, presidente de Galicia.

1991: España participa en la guerra del Golfo.

1992: celebración de los Juegos Olímpicos (Barcelona) y Exposición Universal (Sevilla).

1993-94: graves escándalos de corrupción (Filesa, Roldán, Ibercorp...).

1995: reapertura del caso GAL (asesinatos de personas relacionadas con ETA) por el juez Garzón.

1996: victoria del PP en elecciones generales. Gobierno Aznar (hasta 2004).

1997: España, parte de la Unión Monetaria Europea. Asesinato por ETA del concejal del PP Miguel Ángel Blanco.

1999: Juan José Ibarretxe, presidente del gobierno vasco.

2002: entrada en circulación del euro. Ilegalización de Batasuna, brazo político de ETA. Tensión con Marruecos (islote de Perejil).

2003: participación de España en la guerra de Irak. Pasqual Maragall (PSC-PSOE), presidente de Cataluña.

2004: atentado islamista en Madrid: 191 muertos. Victoria del PSOE en elecciones generales (marzo): Rodríguez Zapatero, presidente del gobierno. Retirada de España de Irak. Boda del príncipe Felipe y Letizia Ortiz. Plan soberanista de Ibarretxe.

2005: ley de Matrimonio de Parejas del Mismo Sexo.

2006: alto el fuego de ETA y negociaciones gobierno-ETA (hasta junio 2007). Ley de Igualdad. Nuevo estatuto de Cataluña.

2007: ley de Memoria Histórica.

2008: nueva victoria del PSOE y Zapatero en elecciones generales.

2008-12: gravísima crisis económica. La economía española, al borde de la quiebra.

2009: primer gobierno no-nacionalista (Patxi López, PSE) en el País Vasco.

2010: Victoria de CiU (Artur Mas) en elecciones catalanas.

2011: ETA anuncia el cese definitivo de la violencia (20 oct.). Victoria del PP en elecciones generales (nov.): Mariano Rajoy, presidente del gobierno (dic.).

BIBLIOGRAFÍA

M. Almagro Gorbea, ed., *Los celtas: Hispania y Europa*, Madrid, 1992.

J. Álvarez Junco, *Mater Dolorosa. La idea de España en el siglo XIX*, Madrid, 2001.

J. Arce, *Bárbaros y romanos en España (400-507 A. D.)*, Madrid, 2005.

M. Artola, *Antiguo Régimen y revolución liberal*, Barcelona, 3ª ed., 1991.

F. Ayala, *La imagen de España*, Madrid, 1986.

R. Balbín y P. Bueno, eds., *II Congreso de arqueología peninsular (Zamora, 1996)*, Zamora, 1997, 2 vols.

I. Barandiarán y otros, *Prehistoria de la península Ibérica*, Barcelona, 6ª ed., 2007.

M. Bataillon, *Erasmo y España*, México, 1966.

B. Bennassar, *Los españoles*, Madrid, 1985.

A. M. Bernal, *España, proyecto inacabado. Coses/beneficios del imperio*, Madrid, 2005.

J. M. Blázquez, *España romana*, Madrid, 1996.

P. Bosch Gimpera, *Espanya*, Barcelona, 1978.

F. Braudel, *El Mediterráneo y el mundo mediterráneo en la época de Felipe II*, México, 1953, 2 vols.

G. Bravo, *Nueva historia de la España Antigua. Una revisión crítica*, Madrid, 2011.

G. Brenan, *El laberinto español: antecedentes sociales y políticos de la Guerra Civil*, París, 1962.

V. Cacho Viu, *Repensar el 98*, Madrid, 1997.

J. Canal, *El carlismo. Dos siglos de contrarrevolución en España*, Madrid, 2000.

R. Carande, *Carlos V y sus banqueros,* Barcelona, 1978, 3 vols.

J. Caro Baroja, *El mito del carácter nacional. Meditaciones a contrapelo,* Madrid, 1970.

R. Carr, *España 1808-1939,* Barcelona, 1969.

J. Casanova, *República y Guerra Civil,* Madrid, 2007.

A. Castro, *La realidad histórica de España,* México, 1971.

R. Collins, *La conquista árabe 710-797,* Barcelona, 1991.

M. Chust, *La cuestión nacional americana en las cortes de Cádiz,* Valencia, 1999.

G. Delibes y M. Fernández Miranda, *Los orígenes de la civilización. El Calcolítico en el Viejo Mundo,* Madrid, 1993.

A. Domínguez Ortiz, *España. Tres milenios de historia,* J. H. Elliott, pról., Madrid, 2004.

J. H. Elliott, *El conde-duque de Olivares,* Barcelona, 1990.

—, *Imperios del mundo atlántico: España y Gran Bretaña en América,* Madrid, 2006.

A. Elorza, *Ideologías del nacionalismo vasco 1876-1937,* San Sebastián, 1981.

S. Fanjul, *Al-Andalus contra España: la forja de un mito,* Madrid, 2000.

P. Fernández Albaladejo, *Materia de España. Cultura política e identidad en la España moderna,* Madrid, 2007.

J. Ferrater Mora, *Les formes de la vida catalana,* Barcelona, 3ª ed., 1960.

R. García Cárcel, *La herencia del pasado. Las memorias históricas de España,* Barcelona, 2011.

F. García de Cortázar, *Los perdedores de la historia de España,* Barcelona, 2007.

F. X. Guerra, *Modernidad e independencias. Ensayos sobre las revoluciones hispánicas,* Madrid, 1992.

C. Iglesias, *No siempre lo peor es cierto. Estudios sobre Historia de España,* Barcelona, 2008.

G. Jackson, *La República española y la Guerra Civil 1931-1939,* México, 1965.

J. M.ª Jover Zamora, *Historiadores españoles de nuestro siglo*, Madrid, 1999.

J. Juaristi, *El bucle melancólico: historias de nacionalistas vascos*, Madrid, 1997.

S. Juliá, *Vida y tiempo de Manuel Azaña (1880-1940)*, Madrid, 2008.

—, *Hoy no es ayer. Ensayos sobre la España de siglo XX*, Barcelona, 2010.

H. Kamen, *Imperio: la forja de España como potencia mundial*, Madrid, 2003.

M. A. Ladero, *La formación medieval de España: territorios, regiones, reinos*, Madrid, 2004.

P. Laín Entralgo, *¿A qué llamamos España?*, Madrid, 1972.

J. Lynch, *Las revoluciones hispanoamericanas 1808-1826*, Barcelona, 1976.

E. Manzano Moreno, *Historia de España*, vol. II, *Épocas medievales*, Madrid, 2010.

J. A. Maravall, *El concepto de España en la Edad Media*, Madrid, 1950.

J. Marías, *España inteligible*, Madrid, 1988.

J. Marichal, *El secreto de España. Ensayos de historia intelectual y política*, Madrid, 1996.

F. Márquez Villanueva, *Santiago, trayectoria de un mito*, Barcelona, 2004.

R. Menéndez Pidal, *Los españoles en la historia*, Madrid, 1ª ed., 1947.

J. Nadal Oller, *La población española (siglos XVI-XX)*, Barcelona, 1984.

J. Ortega y Gasset, *España invertebrada. Bosquejo de algunos pensamientos históricos*, Madrid, 1ª ed., 1921.

G. Parker, *Felipe II. La biografía definitiva*, Madrid, 2010.

S. G. Payne, *El régimen de Franco 1936-1975*, Madrid, 1987.

—, *España. Una historia única*, Madrid, 2008.

I. Peiró y G. Pasamar, *Diccionario Akal de Historiadores españoles contemporáneos (1840-1980)*, Madrid, 2002.

J. Pérez, *Entender la historia de España*, Madrid, 2011.

J. M. Portillo Valdés, *Crisis atlántica. Autonomía e independencia en la crisis de la monarquía hispana*, Madrid, 2006.

C. Powell, *España en democracia 1975-2000*, Barcelona, 2001.

L. Prados de la Escosura, *De imperio a nación. Crecimiento y atraso económico en España 1870-1830*, Madrid, 1988.

P. Preston, *Franco. Una biografía*, Barcelona, 1994.

D. Plácido Suárez, *Historia de España*, vol. I, *Historia Antigua*, Barcelona-Madrid, 2009.

G. Ranzato, *El pasado de bronce. La herencia de la Guerra Civil en la España democrática*, Madrid, 2007.

Real Academia de la Historia, *España como nación*, Madrid, 2000.

D. Ringrose, *España 1700-1900: el mito del fracaso*, Madrid, 1996.

B. Riquer i Permanyer, *Escolta España: la cuestión catalana en la época liberal*, Madrid, 2001.

J. E. Rodríguez O., *La independencia de la América española*, México, 1996.

J. Romero Maura, *La "rosa de fuego". El obrerismo barcelonés de 1899 a 1909*, Madrid, 1989.

C. Sánchez Albornoz, *España, un enigma histórico*, Buenos Aires, 1971, 2 vols.

J. Sarrailh, *La España ilustrada de la segunda mitad del siglo XVIII*, México, 1957.

H. Thomas, *La Guerra Civil Española*, 1ª ed., 1961; edición revisada en inglés, 2011.

E. A. Thompson, *Los godos en España*, Madrid, 1990.

G. Tortella, *El desarrollo de la España contemporánea. Historia económica de los siglos XIX y XX*, Madrid, 1986.

J. Tusell, *La historia de España en el siglo XX*, Madrid, 1998, 3 vols.

—, *España, una angustia nacional*, Madrid, 1999.

J. Valdeón Baruque, *Los Trastámara. El triunfo de una dinastía bastarda*, Madrid, 2001.

—, *La Reconquista. El concepto de España: unidad y diversidad*, Madrid, 2006.

J. Varela Ortega, *Los amigos políticos. Partidos, elecciones y caciquismo en la Restauración (1875-1900)*, Madrid, 2001.

J. Vicens Vives, *Aproximación a la historia de España*, Barcelona, 12ª ed., 1994.

—, *Cataluña en el siglo XIX*, Madrid, 1961.

M.ª J. Viguera, *Los reinos de taifas y las invasiones magrebíes*, Madrid, 1992.

P. Vilar, *Cataluña en la España moderna*, Barcelona, 1978, 3 vols.

—, *Historia de España*, Barcelona, 1999.

ÍNDICE ONOMÁSTICO